Lotte Bormuth

UND DENNOCH WIRD ES WEIHNACHTEN

Lotte Bormuth

Und dennoch wird es Weihnachten

Heitere und ernste Erlebnisse

FRANCKE
Verlag der Francke-Buchhandlung GmbH

Über die Autorin:
Lotte Bormuth ist eine der erfolgreichsten christlichen Autorinnen des deutschsprachigen Raumes. Über eine halbe Million Exemplare ihres mehr als 40 Titel umfassenden Werkes haben mit Lebensbildern, Berichten und selbst erlebten Begebenheiten unzähligen Menschen Trost, Mut und Freude am Glauben vermittelt. Sie hat 5 Kinder und 12 Enkelkinder und lebt mit ihrem Mann in Marburg.

Bibliografische Information Der Deutschen Bibliothek
Die Deutsche Bibliothek verzeichnet diese Publikation in der Deutschen Nationalbibliografie; detaillierte bibliografische Daten sind im Internet über http://dnb.ddb.de abrufbar.

ISBN 3-86122-698-7

35037 Marburg an der Lahn
Umschlaggestaltung: Henri Oetjen, Design Studio Lemgo
Satz: Verlag der Francke-Buchhandlung GmbH
Druck: Koninklijke Wöhrmann, Niederlande

www.francke-buch.de

Inhaltsverzeichnis

Heiligabend für Einsame

Der Heiligabend hat etwas Besonderes. Er schlägt die Menschen in seinen Bann. Sie vergessen ihre Not und ihr Elend und wollen feiern. Dies ist eine Tatsache. Aus diesem Grunde veranstalten wir in unserem Gottesdienstsaal Weihnachten für jedermann. Schon seit über 38 Jahren erklären sich etwa 17 Mitarbeiter aus verschiedenen Gemeinden bereit, ihre Zeit und ihre Gaben einzubringen, damit Einsame, Flüchtlinge, Asylanten, ausländische Studenten, Tippelbrüder, Alte und Junge ein wunderschönes Fest feiern dürfen. Meist haben wir 100-120 Gäste. Einmal waren es sogar 150.

Unsere Kinder waren noch sehr klein, als wir mit dieser Arbeit in unserer Landeskirchlichen Gemeinschaft begannen. Johannes hatte gerade seinen ersten Geburtstag erlebt und seinen dritten Zahn bekommen. In der Familie haben wir es immer so gehalten, dass wir den Christbaum schon zwei Tage eher schmückten. Unsere Fünf waren glücklich, dass sie die Geschenke ihren Freunden schon vor dem eigentlichen Fest zeigen konnten. Sie haben es nie als Mangel empfunden, wenn mein Mann und ich dann an Heiligabend kaum Zeit für sie hatten. So saßen sie mit unter den Gästen und haben, als sie größer wurden, auch bei der Gestaltung mitgeholfen. Die Kleinen hockten oft auf dem Schoß der Tippelbrüder und mussten sich schütteln, wenn ihre Gesichter den bärtigen Männern zu nahe kamen. Unser Jüngster, ein fröhlicher Blondschopf, war der Liebling des Abends, er hat wohl die meisten Küsse eingeheimst.

Mein Mann und ich hatten an diesem Tag alle Hände voll zu tun. Morgens um 4 Uhr 30 rappelte der Wecker. Vier Eimer Kartoffelsalat galt es zu richten. Das Rezept dazu hat mir eine Lemförder Diakonisse gegeben. Es ist wirklich ein Festessen; denn ich spare nie an köstlichen Zutaten. Nichts bleibt davon übrig. Einige unserer Gäste bringen sich sogar ein Marmeladenglas mit, damit sie noch am nächsten Tag ein bekömmliches Mittagsmahl haben. Dazu bestellte ich 170 Würstchen aus einer Schlachterei auf dem Lande; denn unsere Tippelbrüder sind ausgehungert. Außerdem reichten wir Plätzchen und einen alkoholfreien Punsch. Am späten Abend stellten wir dann noch herrliches Obst auf den Tisch: Birnen, Apfelsinen, Äpfel, Mandarinen und Bananen. Beim Großmarkt darf ich diese leckeren Sachen umsonst abholen. Die Geschäftsführerin sagte mir einmal: „Ich freue mich, dass Sie sich der einsamen Menschen unserer Stadt annehmen. Wir sind an diesem Tag so stark gestresst und beansprucht, dass wir nach Geschäftsschluss todmüde in den Sessel fallen. Aber einen kleinen Beitrag für Ihre Heiligabendfeier möchten wir gerne leisten.“ Oft erhalten wir auch noch Brot und Gebäck, so dass wir mit allem gut versorgt sind. Auch aus den Gemeinden ringsum kommen Gaben und Geldspenden.

Schon Tage zuvor richte ich über 100 Lebensmittelpakete, denn wir haben allen Grund, uns zu freuen; denn Christus wurde geboren. Das ist ein Freudentag, und unsere Gäste sollen es spüren. Für die Kinder der Besucher gibt es ein wunderschönes Buch, eine Tüte mit Plätzchen und Schokolade. Wir sind immer wieder überrascht, dass wir 30 und mehr Kinder, meist aus kurdischen Familien, in unserer Mitte begrüßen können. Wie freuen sie sich, wenn sie gute biblische Erzählbücher geschenkt bekommen, durch die ihnen Jesus, der Kinderfreund, vertrauter wird. Ein spannendes Programm mit Liedern, Spielen und einem Film soll die Herzen unserer Jüngsten erfreuen. Natürlich erzählen wir ihnen auch vom Ereignis in Bethlehem, wo der Heiland in einer Krippe geboren wurde und die Hirten von den Feldern herbeieilten, um das Jesuskind unter dem Jubel der Engel anzubeten.

Wichtig sind uns bei den Erwachsenen die Gespräche an den Tischen mit einem Mitarbeiter und die Verkündigung gegen Schluss der Veranstaltung. In den letzten Jahren hat es sich so ergeben, dass ich auch immer aus meinem Leben mit Christus berichtet habe. Das sind lebendig vorgetragene Zeugnisse, in denen sich die Menschen wiederfinden und sie für ihre Situation Mut gewinnen. Etwa ein Drittel der Gäste kommt jedes Jahr. Wir singen gerne mit unseren Besuchern die alten Weihnachtslieder, die viele noch aus ihrer Kindheit kennen. Gegen 22 Uhr 30 folgt dann die Bescherung, und anschließend fahren die Mitarbeiter unsere Gäste nach Hause. Wir Frauen begeben uns dann ans Aufräumen und richten den Saal für den nächsten Tag zum Gottesdienst her. Meist wird es sehr spät, bis alle Arbeiten erledigt sind.

Im letzten Jahr gab es noch etwas Aufregendes. Eine ältere Dame wusste nicht mehr recht, wo sie wohnte. In dem Häusergewirr fand sie sich nicht mehr zurecht. Einer unserer Mitarbeiter fuhr mehrere Straßen auf und ab, ging in verschiedene Häuser, doch nirgends wollte ihr Hausschlüssel ins Schloss passen. Der Begleiter war bekümmert und rief bei mir an, was er denn nun tun sollte. Ich beruhigte ihn und sagte: „Bringen Sie die alte Dame zu uns.

Ich werde ihr im Wohnzimmer ein Bett richten. Aber geben Sie mir ihren Namen und ihr Geburtsdatum durch, vielleicht gelingt es mir, ihren Wohnort herauszufinden."

Ich telefonierte mit der Polizei, erklärte ihr unsere Situation und gab die Daten durch. Diese Suche gestaltete sich schwierig, weil es zwei Frauen mit demselben Namen in unserer Stadt gab. Das Geburtsdatum, das mir von unserem Gast durchgegeben worden war, stimmte auch nicht. Aber da das Alter der einen Dame mit 100 angegeben war, wusste ich, dass unsere Besucherin die andere Dame war. Wie glücklich war sie, als sie wieder ihre Wohnung betreten konnte. So kann es gehen, wenn im Alter das Orientierungsvermögen nachlässt.

Wie gut ist es, musste ich denken, dass wir zu unserer himmlischen Wohnung immer den Weg finden können, wo Jesus uns eine Stätte bereitet hat. Wer an ihn glaubt, wird ewig sein Zuhause haben. Keiner wird draußen vor der Tür stehen bleiben müssen.

An Heiligabend

Und der Engel sprach zu ihnen: Fürchtet euch nicht!
Siehe, ich verkündige euch große Freude, die allem Volk widerfahren wird;
denn euch ist heute der Heiland geboren, welcher ist Christus, der Herr, in der Stadt Davids.

Das Wörtlein „euch" sollte euch fröhlich machen; denn mit wem redet der Engel? Mit Holz oder Steinen? Nein, sondern mit Menschen, und nicht mit einem oder zweien allein, sondern mit allem Volk.

Was wollen wir nun daraus machen? Wollen wir auch weiter zweifeln an Gottes Gnade und sprechen: Des Heilands mag sich wohl St. Peter und St. Paul freuen, ich darf's nicht tun, ich bin ein armer Sünder, dieser edle, teure Schatz geht mich nichts an?

Lieber, wenn du so willst sagen: Er gehört mir nicht an, dann will ich sagen: Wem gehört er denn an? Ist er denn um der Gänse, Enten oder Kühe willen gekommen? Du musst hier sehen, wer er ist. Hätte er einer anderen Kreatur helfen wollen, so hätte er die Gestalt dieser Kreatur angenommen. Aber er ist allein eines Menschen Sohn geworden.

Nun, wer bist du? Wer bin ich? Sind wir nicht alles Menschen? Ja. Wer soll sich denn dieses Kindleins annehmen? Ja, wer soll sich denn dieses Kindleins annehmen, wenn nicht eben die Menschen? Die Engel bedürfen sein nicht. Wir aber bedürfen sein, und um unseretwillen ist er Mensch geworden. Deshalb gebührt es uns Menschen, dass wir mit Freuden uns seiner annehmen sollen.

Martin Luther

Ein Überraschungsbaby in notvoller Zeit

Kalt war die Nacht und der Himmel klar. Wie Diamanten glitzerte der Schnee, und bei jedem Schritt knirschte es unter den Schuhsohlen. Am Horizont leuchteten die Sterne. Der Mond warf sein fades Licht auf die Straße. Die Pfützen auf dem Weg waren fest zugefroren und dienten uns Kindern am Tag als willkommene Eisflächen. Nun feierten wir schon zum zweiten Mal Weihnachten in der Fremde. Arm waren wir noch immer und hausten mit unserer großen Familie in nur einem Zimmer mit Kammer. Aber in diesem Jahr waren wir doch reich, sehr reich sogar. Unser Geschwisterchen, auf das wir lange gewartet hatten, war Anfang Dezember zur Welt gekommen. Die Geburt war sehr aufregend gewesen. Als bei meiner Mutter die Wehen einsetzten, brauchte sie dringend ein Fahrzeug, das sie ins Krankenhaus bringen sollte. Komplikationen bedrohten das Leben von Mutter und Kind. Aber wer fuhr 1946 schon ein Auto? Es war der Bürgermeister persönlich, der uns seine Hilfe anbot. Er besaß einen Lastwagen, der mit einem Holzvergaser angetrieben wurde. Benzin gab es damals nicht. Alles ging gut.

Und dann wurde die kleine Lilli in Hersfeld geboren, ein hübsches, süßes Mädchen mit einem dunklen Haarschopf und Augen wie Perlen. Für uns alle war es das allerschönste Baby, das je das Licht der Welt erblickt hatte. In der Klinik haben wir dann unsere Mutter besucht und uns über unser Schwesterchen gefreut.

Kurz vor Weihnachten kam dann meine Mutter aus dem Krankenhaus heim und hielt das kleine Bündel im Arm. Es fehlte uns an allem: Windeln, Hemdchen, Jäckchen, Badewännchen, Milchfläschchen und Nuckel. Unvorstellbar war die Not so kurz nach dem verlorenen Krieg. Einen Kinderwagen oder ein Bettchen besaßen wir auch nicht. Aber unser Geschwisterchen durfte an Mutters Seite in ihrem Bett schlafen. Solch ein Kind brachte Hoffnung in unser Dasein, auch wenn ringsum das Land verwüstet war, die Ruinen wie Gespenster in den Himmel ragten und wir heimatlos geworden waren. Auch der Hunger war bitter und die Kälte gefürchtet. Aber wir hatten das Glück, dass in unserem Zimmer ein alter Herd stand. Aus dem Wald holten wir Leseholz. Wenn Vater die Scheite ins Feuerloch legte, knisterten die Flammen, und die Herdplatte glühte. Bei dieser Hundskälte draußen empfanden wir die Wärme drinnen besonders wohlig. Täglich erbettelte ich einen halben Liter Milch von den Bauern, die ich am Abend aufsuchte, wenn sie ihre Kühe molken. Sie zeigten Erbarmen mit mir armem Flüchtlingskind, und ich kann mich nicht erinnern, dass auch nur einmal mein Kännchen leer geblieben wäre. Es erfüllte mich mit Stolz, dass ich für mein Geschwisterchen die Milch herbeischaffen konnte. Denn im Jahr zuvor war uns auf der Flucht schon ein Kind geboren worden. Meine Mutter aber war zu schwach gewesen, um es zu stillen, und so musste unsere kleine Erika verhungern. Nur wenige Tage hat sie überlebt, dann starb unser Baby. In der fremden Erde gruben wir ein Gräblein und legten ein paar Tannenzweige darauf. Dann mussten wir mit unserem Pferdefuhrwerk weiter auf einem Weg, dessen Ziel uns noch unbekannt war. Nur nicht von den russischen Panzern zermalmt werden. Groß war die Angst.

Aber jetzt hatten wir Milch für unseren süßen Schatz. Bis heute bin ich den Bauern dankbar, die uns Flüchtlingen täglich einen halben Liter Milch verkauften. Was wir noch dringend nötig hatten, war Babykleidung und Windeln. Wie dieser Not abgeholfen wurde, kam einem Wunder gleich.

Weihnachten nahte. Ich war jedes Mal überrascht, wenn es an unsere Tür klopfte. Manchmal kam ich aus dem Staunen nicht heraus. Die Erste, die in unsere Stube trat, war Frau Scheffer, unsere Pfarrfrau. Sie trug einen Korb bei sich, aus dem sie herrliche Sachen hervorholte: ein Hemdchen, ein Jäckchen und sechs Windeln. Außerdem stellte sie noch ein Glas mit eingeweckten Kirschen auf den Tisch. In der damaligen Zeit war dies eine Kostbarkeit. Auch die Nachbarinnen ließen es sich nicht nehmen, unseren kleinen Wonneproppen zu besuchen. Und sie kamen nie mit leeren Händen. Manche schenkten sogar gebrauchte Bettlaken und Bezüge, aus denen meine Mutter Windeln nähte. Es war fast so wie beim Besuch der Weisen aus dem Morgenland, die das neugeborene Kindlein in der Krippe von Bethlehem sehen wollten. Sie waren über das Christuskind hocherfreut und breiteten ihre Schätze vor Maria und Joseph aus: Gold, Weihrauch und Myrrhe.

Ja, für uns waren die Gaben der Dorfbewohner auch große Schätze, und mit ihrer Hilfe konnte diesmal mein Geschwisterchen überleben. Für mich ist dies ein Wunder, das mich immer noch mit Staunen erfüllt, so oft ich daran erinnert werde. Heute ist Lilli eine Mutter von sechs Kindern. Sie und ihr Mann sind beide Ärzte für Psychiatrie. Sie stehen im

Glauben an Christus und führen andere in die Gemeinschaft mit Jesus.

Ein wahres Christkind

Selten habe ich so mit einer Mutter gebangt, deren Tochter nun schon zum dritten Mal eine Fehlgeburt erlitten hatte. Aber dann überraschte mich kurz vor Weihnachten ein Anruf. „Frau Bormuth, Sie sind die Erste, die es erfährt. Unsere Antje hat heute Nacht einen kleinen Sohn zur Welt gebracht. Wir sind so glücklich. Mutter und Kind sind wohlauf."

Ja, von Herzen freute ich mich mit dieser ostfriesischen Bäuerin. Damals vor einigen Jahren lag viel Kummer über dieser Familie. Und ich will diesem Leid Worte geben.

Schon bei der ersten Schwangerschaft war die werdende Mutter verzweifelt, als sie eine Fehlgeburt erlitten hatte. In ihrer jungen Ehe hatte es nur ein Thema gegeben: Wann werden wir ein Baby bekommen. Von Beruf war Antje Kinderkrankenschwester. Da lag die Liebe zu Kindern besonders nahe. Als sie dann eines Nachts in die Klinik eingeliefert werden musste und ihr Baby verlor, da weinte sie bittere Tränen. Wie sehr hatte sie sich auf diesen neuen Erdenbürger gefreut. Zwei echte ostfriesische Namen hatte sie schon mit ihrem Mann ausgesucht. Zu Hause lag die vollständige Babyausstattung auf dem Wickeltisch. Damals hat der Arzt sie getröstet: „Frau Harms, Sie werden gewiss wieder schwanger werden, und dann wird alles gut. Vielleicht sehen wir uns in anderthalb Jahren auf der Entbindungsstation wieder."

Ja, der Arzt hatte Recht. Zwei Jahre später wurde Antje wieder in die Klinik eingeliefert, aber nicht, um von einem Kind entbunden zu werden, sondern wegen einer Fehlgeburt. Schon zum zweiten Mal wurden ihre Hoffnungen zerstört. Auch der Arzt litt mit ihr. „Frau Harms, ich weiß nicht, warum es wieder zu Komplikationen gekommen ist. Aber lassen Sie nur nicht den Mut sinken. Sie sind sonst eine gesunde Frau."

Antje war maßlos traurig. Ihr Mann versuchte, sie zu trösten, und stellte einen Rosenstrauß auf den Nachtschrank. Auch die Freundinnen kamen, um sie aufzumuntern, aber ihr Herz war schwer, wenn sie auf der Station die jungen Mütter mit ihren Neugeborenen sah. Als sie nach ein paar Tagen nach Hause entlassen wurde, war dies ihre erste Arbeit: Sie packte die Windeln, Hemdchen und Strampler in einen Karton und ließ die Wiege auf den Dachboden bringen.

Als sie aber das dritte Mal ihr Kind beweinen musste, da legte sich die Schwermut wie Mehltau auf ihre Seele. Die ganze Familie litt mit ihr. Ihr Vater war ein großer Landwirt. Auch er wünschte sich nichts sehnlicher als ein Enkelkind. Damals rief mich Antjes Mutter an, ob ich denn für ihre Tochter beten könne. Bei Gott seien doch Wunder möglich. „Ja", machte ich ihr Mut, „Gott kann Ihrer Tochter ein gesundes Kind schenken. Ich will treu im Gebet an sie denken."

Und nun war das Wunder geschehen. Der ganze Ort freute sich mit der jungen Familie. Ein wahres Christkind war geboren, und das ganz kurz vor Weihnachten.

Auch ich war glücklich. Noch am Telefon dankte ich mit der Großmutter Gott für die Erfüllung dieses Herzenswunsches. Ich wurde dabei an Hanna, die Mutter Samuels in der Bibel, erinnert, deren Ehe lange kinderlos geblieben war und die sich auch von Gott ein Kind erbeten hatte. Ihr Glück hat sie dann in Worte gefasst, als der Herr ihr den kleinen Samuel geschenkt hatte:

„Mein Herz ist fröhlich in dem Herrn. Mein Mund hat sich weit aufgetan, und ich freue mich deines Heils. Der Herr tötet und macht lebendig, er führt in die Hölle und wieder heraus. Der Herr macht arm und macht reich. Er wird behüten die Füße seiner Heiligen."

Ja, der Herr wird auch die Füßchen dieses kleinen neuen Erdenbürgers behüten und ihn zur Freude seiner Eltern und Großeltern heranwachsen lassen. Ein Kind solch großer Wunder dient der Ehre und dem Ruhm Gottes. Unter dem Christbaum hat sicher auch die Wiege ihren Platz gefunden.

Weihnachtsfeiern

Wilhelm Busch berichtet:

Weihnachten 1930
Die Kinder sind zu Bett gebracht. Meine Frau räumt im Weihnachtszimmer auf und steckt neue Kerzen auf den schönen Weihnachtsbaum. Wir haben diesmal eine wundervolle Tanne bekommen. Ich habe sie mit viel Liebe geschmückt und mir dabei Gedanken über meine Weihnachtspredigt gemacht. Was ist das doch für eine gewaltige Botschaft, die ich morgen verkündigen darf: Gott hat die Mauer, die uns von ihm trennte, umgeworfen und ist zu uns gekommen in Jesus.

Es war zu schön heute Abend, wie meine Kinder die lieblichen Weihnachtslieder sangen und dabei im dunklen Zimmer herummarschierten, während nebenan im Weihnachtszimmer die Mutter die Kerzen am Baum ansteckte. Endlich öffnete sich die Tür. Der Glanz der Kerzen bestrahlte die Kindergesichter. Und dann ging es mit Jubelgeschrei über die Geschenke her. Der Junge kennt ja nur seine Musik. Mit Begeisterung probiert er die neuen Noten gleich am Klavier aus. Die Kleinen vergnügen sich an der Puppenküche. Die größeren Töchter verschwinden immer wieder, um das neue Kleid oder den neuen Pullover anzuziehen.

Ja, wir sind glückliche Leute.

Weihnachten 1937
Diesmal habe ich den Baum nicht geschmückt. Ich habe es meiner Tochter Hanna überlassen. Sie hat es

fein gemacht. Und nun sitze ich in dem Sessel, schaue in das Kerzengeflimmer und freue mich am Vergnügen der Kinder. Sie sind so glücklich mit ihren Geschenken. Die Mädels haben jede eine Blockflöte bekommen. Und nun wollen sie ein wenig musizieren. Der große Bruder hat sich an das Klavier gesetzt. Die Schwestern stehen um ihn herum. Jetzt sind sie sich einig geworden, was gespielt werden soll. Wie schön erklingt das alte Weihnachtslied von Tauler:

„Es kommt ein Schiff, geladen
bis an sein höchsten Bord,
trägt Gottes Sohn voll Gnaden,
des Vaters ewges Wort.“

Die Jüngste ist allerdings an der Musik uninteressiert. Mit unendlicher Liebe widmet sie sich ihrer neuen Puppe.

Ich kann die Erinnerung nicht loswerden. Erst vor kurzem bin ich aus dem Gefängnis entlassen worden. Immer wieder sehe ich mich in der engen, scheußlichen Zelle. Alles war qualvoll: das schlechte Essen, die dumpfe Luft, der rohe Umgangston. Aber am schlimmsten war doch die schreckliche Ungewissheit. Es war ja nicht so, dass ich etwas Verbrecherisches getan hätte. Aber ein Jugendpfarrer ist im Hitlerreich unerwünscht, und da wird er eben unter einem fadenscheinigen Grund einfach eingesperrt. Es wird kein Verfahren eröffnet. Man sitzt in der düsteren Zelle und ist in der Menschen Hände gegeben. Man sitzt und wartet ... wartet ...

Jetzt spielen die Kinder mit Blockflöten und Klavier:

„Freuet euch, ihr Christen alle,
freue sich, wer immer kann;
Gott hat viel an uns getan."

Ich muss aus Herzensgrund mitsingen. Ja, ich kann mich freuen. Ganz neu habe ich es im Gefängnis gelernt, als da der lebendige Herr, der einst von den Toten auferstanden ist, in meine schreckliche Zelle kam. Ja, wirklich, so war es: Er kam zu mir. Und ich erlebte das, was ein altes Lied sagt:

„Als mir das Reich genommen,
da Fried und Freude lacht,
da bist du, mein Heil, kommen
und hast mich froh gemacht."

Meine Jüngste strahlt mich an: „Papa, freust du dich?"

„Ja, mein Kind, ich freue mich gewaltig!"

Weihnachten 1943

Wieder sind wir unter dem Weihnachtsbaum versammelt. Es war diesmal sehr schwierig, Kerzen zu bekommen; denn es ist Krieg, und alles ist knapp geworden. Und der Gesang will auch nicht so recht klingen. Es fehlt unser Klavierspieler, der in den vergangenen Jahren unser Singen so herrlich begleitet hat, unser Junge. Sie haben ihn zum Soldaten gemacht. Und nun ist er irgendwo in Russland. Immer wieder will das Herz sich aufbäumen: Was hat dieser zarte Junge von 18 Jahren mit diesem ungerechten Krieg zu tun? Nun soll er kämpfen für einen Staat, der seinen Vater unschuldig ins Gefängnis gebracht hat. Ich bin froh, dass die Kinder sich unbeschwert freuen können. Aber wenn ich meine

Frau ansehe, dann weiß ich, dass das Mutterherz den fernen Sohn sucht.

Wie viele werden an diesem Heiligabend so bedrückt sein? Und es ist ja nicht nur der Sohn. Wir fühlen deutlich, dass wir großen Katastrophen entgegengehen. Wie wird dieser fürchterliche Krieg ausgehen? Der Hass der Welt hat sich um uns Deutsche aufgebaut wie eine grauenvolle Mauer. Und morgen kommt vielleicht wieder der Beamte der Geheimen Staatspolizei, um mich in eins der düsteren Gefängnisse fortzuholen. Wer kann denn da Weihnachten feiern?

„Papa! Lass uns doch ein wenig singen!“, sagt das kleinste Töchterlein. Und dann singen wir:

„Welt ging verloren,
Christ ist geboren:
freue dich, freue dich, o Christenheit!“

Wie bekommt solch ein Lied einen ganz neuen Klang! Ja, wir haben einen Heiland. Das verkündet uns Weihnachten. Wir wollen uns freuen. Wir haben Grund genug!

Kurz nach Weihnachten kam ein Brief aus Russland. Da berichtet der Junge, wie er am Weihnachtsmorgen in einer russischen Stadt in einem verwüsteten Haus ein Klavier entdeckt hat. Und da hat er die Weihnachtslieder gesungen und gespielt – ganz allein. Und er schrieb: „Mir wurde klar: Das ist die Lage der Christen heute. Mitten im Chaos singen wir das Lob des Sohnes Gottes, der uns an Weihnachten geschenkt worden ist. Mit Freuden habe ich dann ganz still die Geschichte von der Geburt Jesu gelesen, wie sie im Lukasevangelium steht.“

So schrieb er.

Wenige Tage später erreichte uns die Nachricht, dass er in einem Lazarett verblutet ist.

Weihnachten 1944
Es ist, als wolle die Welt untergehen. Der Krieg geht seinem schaurigen Ende entgegen. Unser liebes Pfarrhaus ist zerbombt und ausgebrannt. Wir haben eine neue Wohnung gefunden. Es sind zwar keine Pfannen mehr auf dem Dach. Anstelle der Fensterscheiben haben wir einen Werkstoff, der bei jedem neuen Angriff davonfliegt; dann wird notdürftig wieder repariert. Ich habe ja viel Zeit. Die meisten Menschen sind aus dem Ruhrgebiet geflüchtet. Ich halte jeden Tag in irgendeinem Keller eine Bibelstunde. Ja, so ist es: Gerade jetzt zeigt das Evangelium seinen Glanz. Je dunkler die Nacht, desto heller leuchten die Sterne. So ist es mit dem Evangelium. Darum wollen wir Weihnachten feiern trotz aller Traurigkeit.

Ich habe sogar ein Bäumchen aufgetrieben. Einer der Fremdarbeiter, ein Pole, hat es mir verkauft. Die laufen ja jetzt schon fast frei herum. Sie merken, dass die Deutschen nicht mehr viel zu sagen haben. Er wird das Tännlein irgendwo gestohlen haben. Gefragt habe ich ihn nicht.

Wir haben sogar ein paar Geschenke aufgebaut. Die tüchtige Mutter hat einiges Festgebäck zustande gebracht. Es ist zwar hart wie Stein, aber es ist doch Festgebäck. So stehen wir um den Weihnachtsbaum und singen unsere geliebten Lieder. Dann lese ich die Geschichte von der Geburt Jesu und danke mit den Meinen dem Herrn Jesus, dass er gekommen ist in diese arge Welt, die Sünder zu erretten.

Gerade in diesem Augenblick heulen die Sirenen los. Die Kinder packen das Luftschutzgepäck, das immer bereitliegt, und rennen zu dem Bunker, der fünf Minuten von unserem Hause entfernt ist. Langsam lösche ich die paar kümmerlichen Kerzen. Ob wir wohl in einer Stunde diese Wohnung noch vorfinden werden? Oder ob da nur ein Trümmerhaufen sein wird? Nun, was tut's! Der Herr Jesus, der an Weihnachten geboren wurde, hat uns eine unzerstörbare Heimat am Herzen Gottes geschenkt. Und so wandere ich dem Bunker zu und summe fröhlich ein Weihnachtslied.

Weihnachten 1958
Nun sind die Kinder groß. Einige von ihnen fehlen. Sie haben geheiratet und feiern in ihren eigenen Familien das große Fest.

Ich sitze und schaue in den Kerzenschein des wundervollen Weihnachtsbaumes. Auf den Tischen türmen sich herrliche Geschenke. Wir sind ja nicht mehr arm. Und es ist fast beängstigend, wie die Liebe uns mit Weihnachtsgaben überschüttet.

Während ich in das Kerzengeflimmer schaue, überkommt mein Herz eine tiefe Ruhe und Freude. Wir haben es gelernt, dass die Freude nicht aus den vergänglichen Dingen kommt. Sie muss andere Quellen haben. Und gerade das Weihnachtsfest zeigt ja die unerschöpfliche Quelle der Freude. Mein Herz singt mit, als meine Familie den Vers anstimmt:

„Siehe, siehe, meine Seele,
wie dein Heiland kommt zu dir ...“

Das ist es! Daran will ich mich freuen, so lange ich lebe. Und wenn ich einst die Augen schließe, will ich ewige Weihnachten feiern im Anschauen meines Heilandes.

Von guten Mächten wunderbar geborgen

Bonhoeffers Weihnachtslied

Nun saß Dietrich Bonhoeffer schon zum zweiten Mal Weihnachten im Gefängnis. Am 5. 4. 1943 war er von der Gestapo verhaftet worden. Die engen Kerkermauern ließen ihn fast wahnsinnig werden. Draußen in der Freiheit bangten seine Freunde, Studenten, Eltern, Geschwister und vor allen Dingen aber seine Verlobte, Maria von Wedemeyer, um sein Leben.

Er war dieser wunderbaren Frau auf dem Gut ihrer Großmutter in Pommern im Juni 1942 begegnet. Im Spätsommer des gleichen Jahres pflegte Maria die Großmutter, die zu einer Augenoperation nach Berlin gekommen war. Bei dieser Gelegenheit trafen sich Dietrich und Maria immer wieder, und ihre Beziehung vertiefte sich. Marias Mutter sah die Verbindung der beiden nicht gern und verlangte ein Jahr der vollständigen Trennung. Sie wusste, dass Dietrich politisch gefährdet lebte, und meinte auch, ihre Tochter sei mit ihren 18 Jahren noch zu jung für eine feste Bindung. Aber Maria hielt an Dietrich fest. So schrieb sie in ihr Tagebuch: „Das Innerste und Eigentliche steht fest. Ich weiß, dass ich ihn lieben werde. Ach, es gibt so viele äußerliche Gegengründe. Er ist für sein Alter alt und weise, ein rechter Gelehrtentyp. Wie werde ich mit meiner Freude für Tanz, Reiten, Sport, Vergnügen all dies entbehren können?"

Am 13. Januar 1943 gab sie ihm dann das Jawort,

und dieser Tag galt als heimlicher Verlobungstag. Beide fassten den Entschluss, nicht zu akzeptieren, dass sie sich nicht sehen durften.

Erst drei Monate nach seiner Gefangennahme erhielt Maria die erste Besuchserlaubnis im Gefängnis Berlin-Tegel. Es war vorher noch nicht einmal ein Briefkontakt möglich gewesen. Nur an die Eltern durfte Dietrich schreiben. Nach der zweiten Besuchserlaubnis schrieb Maria in ihr Tagebuch: „Ich saß auf dem roten Samtsofa, da kamst du herein. Ich hätte dich fast Sie nennen können, als ich dich so sah. Du trugst einen dunklen, gut sitzenden Anzug und machtest eine Verbeugung vor dem Obergerichtsrat. Seltsam fremd war mir dies. Aber als ich in deine Augen schaute, da sah ich den lieben, dunklen Glanz darin, und als du mich küsstest, da wusste ich, dass ich dich wiedergefunden hatte, mehr wiedergefunden, als ich dich je vorher besessen hatte."

Die Beziehung der beiden Verlobten wurde immer intensiver. Konkrete Pläne für die Hochzeit wurden geschmiedet. Maria zeichnete schon die Möbel auf. So schrieb sie nach der dritten Besuchserlaubnis: „Die Liebe drängt nach Erfüllung." Und doch kann sie ihre eigenen Empfindungen nur andeuten, da ja jeder Brief durch die Zensur geht, und das erfüllt sie mit Scham. Bonhoeffer spricht in einem Brief an seinen Freund, wie sehr er sich ein Kind wünsche. Manchmal denken sie sich sogar schon Namen aus.

Maria war eine wunderbare Frau, Traumfrau würden wir sie wohl heute nennen. Sie war klug, schön, liebenswert und voller Charme. Sie hatte aber auch eine burschikose, spontane Art. Einmal war sie so glücklich über einen Brief aus dem Gefängnis, dass sie zurückschrieb: „Dietrich, ich habe mich überfreut." Doch auch eine innerliche, feine Art zeichnete sie aus, und sie konnte ihm überlegt mitteilen: „Ich möchte immer nur zuhören, wenn du so zu mir sprichst. Es ist, als wären deine Reden Musik in meinen Ohren und nicht einfach Worte. Mit Worten kann man sich so leicht auseinander reden, aber in der Musik fühlt man sich zusammen. So sind alle deine Worte, die du schreibst, die ich anfassen kann, die ich liebe und an denen ich mich festhalten will."

Bonhoeffer hatte eine klare Vorstellung von Ehe. So sagte er: „Unsere Ehe soll ein Ja zu Gottes Erde sein, sie soll uns den Mut stärken, auf der Erde etwas zu schaffen und zu wirken. Ich fürchte, dass die Christen, die nur mit einem Bein auf der Erde zu stehen wagen, auch nur mit einem Bein im Himmel stehen." Die Liebe der beiden Verlobten wirkte wie ein großer leuchtender Punkt, während die Kriegsereignisse bedrohlich voranschritten. Berlin erlebte schwere Luftangriffe, und der 20. Juli 1944 mit dem gescheiterten Attentat rückte näher.

Maria empfand ihre erste große Liebe als eine starke Beglückung, wenn auch die äußeren Umstände durch die Gefangennahme spannungsreich waren. Beide hatten die Hoffnung, bald vereint zu sein. Aber dieser Silberstreif am Horizont ihrer innigen Liebe schwand nach dem gescheiterten Attentat vom 20. Juli 1944 dahin. In dieser Zeit der ernsten Bedrückung erfuhr Bonhoeffer besondere Kraft durch die biblischen Geschichten, die er als Kind von seiner Mutter gehört hatte. Die Stillung des Sturms aus dem Neuen Testament wurde ihm im Gefängnis zu seiner liebsten Geschichte. Beide Verlobten wussten sich auch durch das Gebet miteinander verbunden. Jeden Morgen um sechs Uhr falteten sie ihre Hände füreinander.

Aber das Unheil stand wie eine drohende Mauer über ihnen.

Seitdem am 8. Oktober 1944 die „Zossener Akten" in einem Versteck aufgespürt und dadurch bekannt geworden war, dass Dietrich Bonhoeffer an den Umsturzplänen mitgewirkt hatte, schwand jede Hoffnung auf Befreiung. Adolf Hitler machte ihn zu seinem persönlichen Gefangenen. Umso mehr schöpfte Bonhoeffer Hoffnung und Kraft durch das Evangelium.

1944 erlebte er sein letztes Weihnachtsfest auf dieser Erde. Gefangen genommen, einsam hinter Kerkermauern, ohne die Gewissheit einer baldigen Befreiung hat er in dieser Adventszeit ein wunderbares Lied gedichtet. Es zeugt von der Tröstung durch Gott, die ein Mensch erfahren kann, auch wenn er mit seinem Tod durch die Hinrichtung rechnen muss. Er widmete dieses Gedicht seiner Mutter und seiner Verlobten.

1. „Von guten Mächten treu und still umgeben
behütet und getröstet wunderbar, –
so will ich diesen Tag mit euch leben
und mit euch gehen in ein neues Jahr;

2. noch will das alte unsre Herzen quälen,
noch drückt uns böser Tage schwere Last,
Ach Herr, gib unsern aufgeschreckten Seelen
das Heil, für das Du uns geschaffen hast.

3. Und reichst Du uns den schweren Kelch, den bittern,
des Leids, gefüllt bis an den höchsten Rand,
so nehmen wir ihn dankbar ohne Zittern
aus Deiner guten und geliebten Hand.

4. Doch willst Du uns noch einmal Freude schenken
an dieser Welt und ihrer Sonne Glanz,
dann woll'n wir des Vergangenen gedenken,
und dann gehört Dir unser Leben ganz.

5. Laß warm und hell die Kerzen heute flammen,
die Du in unsre Dunkelheit gebracht,
führ, wenn es sein kann, wieder uns zusammen!
Wir wissen es, Dein Licht scheint in der Nacht.

6. Wenn sich die Stille nun tief um uns breitet,
so laß uns hören jenen vollen Klang
der Welt, die unsichtbar sich um uns weitet,
all Deiner Kinder hohen Lobgesang.

7. Von guten Mächten wunderbar geborgen
erwarten wir getrost, was kommen mag.
Gott ist bei uns am Abend und am Morgen,
und ganz gewiss an jedem neuen Tag.“

Aus „Widerstand und Ergebung“ von Dietrich Bonhoeffer

Die drei Könige

Durch die leeren Straßen der Stadt schlich sich müde und abgekämpft ein Mann. Er tappte über Bauschutt und Gerümpel, denn hier war jedes Haus zerstört. Der Mond hatte sich hinter einer Wolke verkrochen und hüllte alles in Dunkel. Nur die Ruinen der zerbombten Häuser waren noch in der Düsternis zu erkennen. Wie Gespenster ragten sie hoch in den Himmel. Aus einer der Ruinen drang ein Lichtschein auf die Straße. Ob da schon jemand wohnte? Notdürftig hatte sich wohl ein Mensch dieses verwüstete Haus wieder hergerichtet. Der Mann entdeckte im Vorgarten einen zusammengebrochenen Zaun. Mit einem kräftigen Stoß trat er dagegen und hob eine Latte auf. Er legte sie auf seine Schulter und ging weiter seinen Weg nach Hause. Ein kurzes Lächeln flog dabei über sein Gesicht, und ihm war zumute, als habe er einen kostbaren Schatz entdeckt, den er nun nach Hause tragen konnte. In der Dunkelheit suchte er sich einen Trampelpfad nach Hause, denn in dieser Nacht leuchtete ihm am Himmel kein Stern. Vorsichtig öffnete er die Tür. Sie quietschte so laut, als ob sie weinte. Aus einer Ecke des Zimmers schaute er in das blasse Gesicht und die müden Augen seiner Frau. Elend und mitgenommen sah sie aus. Ihr Atem bildete kleine Nebelschwaden im Raum, so kalt war es. Der Mann zerbrach über seinem Knie die Latte, und bevor er sie in den Ofen schob, roch er noch einmal an dem Holz. Er musste sogar lächeln, so wertvoll kam es ihm vor. Nun würde es etwas wärmer in der Bude werden.

„Sei leise", flüsterte ihm seine Frau zu, „das Kind schläft."

Als der Vater noch einmal Holz in dem Kanonenöfchen nachlegte, flammte es hell auf und warf einen Schein auf ein winziges, schönes Gesichtchen. Einen Augenblick lang konnte er sein Neugeborenes sehen. Es war gerade erst eine Stunde alt. Aber es war ein wunderschönes Kind. Es hatte alles, was der Mensch braucht: Ohren, Nase, Mund und Augen, große Augen sogar. Obwohl das Baby schlief, das konnte man doch schon erkennen. Das Gesichtchen war ganz rot und noch runzlig.

„Der Junge lebt, das ist die Hauptsache", freute sich die Mutter und atmete erleichtert auf.

„Auf dem Schrank stehen noch ein paar Haferflocken, ich werde sie für dich zubereiten. Du brauchst jetzt etwas Kräftiges."

„Das ist gut so. Kannst du den Ofen noch etwas schüren?"

Der Vater legte noch ein Stück von der Latte nach. Hitze strahlte der kleine Kanonenofen jetzt aus. Aber so schnell würde sich das Zimmer nicht erwärmen lassen. Die Wände waren feucht und kalt.

„Nun hat meine Frau ihr Baby bekommen und muss im kalten Zimmer liegen." Er ballte die Faust. Aber wem sollte er sie ins Gesicht schlagen? Wer war denn an diesem Schlamassel und dem Elend der Nachkriegszeit schuld? Als er die Ofentür öffnete, fiel wieder ein Strahl über das Gesicht des Kindes.

„Schau, unser Sohn trägt einen Heiligenschein", lächelte die Mutter. „Kannst du ihn sehen?"

„Heiligenschein?", schüttelte er den Kopf und ballte wieder seine Faust. Aber an wem hätte er sich für all die Not, in die er mit seiner jungen Familie geraten war, rächen können?

Plötzlich näherten sich seinem Hause Schritte von der Straße her. Ganz deutlich konnte er sie vernehmen. Drei Männer standen vor der Tür und klopften an: „Wir haben den Lichtschein gesehen. Dürfen wir für einen Augenblick hereinkommen? Wir sind so müde und möchten ein wenig ausruhen. Können wir uns für zehn Minuten hinsetzen?"

„Aber wir haben doch ein Kind", warf die Mutter ein. „Es schläft."

Die Männer schwiegen und gingen doch über die Türschwelle. Ihren Atem bliesen sie wie Nebel ins Zimmer. „Wir sind auch ganz leise", flüsterten sie entschuldigend. Der Lichtschein fiel auf ihr Gesicht. Die drei trugen alte, abgerissene Uniformen. Einer hatte einen Sack über die Schulter geworfen, der andere schleppte einen Pappkarton, und der Dritte besaß gar nichts. Er hob nur seine Stümpfe hoch. „Meine Hände sind mir in der sibirischen Kälte abgefroren, nun muss ich sehen, wie ich im Leben zurechtkomme." Dabei drehte er dem Vater seine Manteltasche hin. Etwas Tabak war darin und dünnes Papier. Daraus drehten sie Zigaretten.

Flehentlich bat die Frau: „Aber hier können Sie nicht rauchen." Dabei wies sie auf das kleine Bündel in ihrem Bett.

Schweigend verließen die vier Männer das Zimmer und gingen auf die Straße. Die Zigaretten leuchteten wie vier helle Punkte in der Nacht. Der mit dem Sack hatte seinen Fuß dick umwickelt. War er verletzt? Eiterten vielleicht noch seine Wunden? Er holte aus seinem Sack einen kleinen Esel hervor und übergab das Geschenk dem Vater. Es war das erste Geschenk für seinen Sohn. „Sieben Monate habe ich daran geschnitzt."

„Was ist mit deinem Fuß passiert?"

„Ich habe Hungerödeme, und das Wasser in den Beinen quält mich“, erklärte ihm der Schnitzer.

„Und was fehlt dir?“, wandte er sich an den Dritten.

„Oh, mir geht es noch recht gut. Nur meine Nerven machen mir Probleme, und deshalb zittern meine Glieder ständig. Der Krieg hat mir nämlich arg zugesetzt und mir Angst gemacht. Noch heute höre ich den Kanonendonner in meinem Kopf, und die Schreie der Verwundeten lassen mich nachts nicht schlafen. Alpträume schrecken mich auf.“

Die Zigarettenstummel warfen sie zur Erde, zertraten sie und gingen wieder in die Stube. Sie hoben ihre Füße hoch, als sie über die Schwelle traten. Die Fremden schauten zu dem Kind hinüber. Der Nervenkranke griff in seinen Pappkarton. „Hier, nimm die zwei gelben Bonbons und gib sie deiner Frau. Sie sieht so blass aus.“ Alle drei beugten sich zu dem Kind nieder und sahen es staunend an. Die Mutter fürchtete sich etwas vor den düsteren Gestalten in ihren abgerissenen Uniformen. Aber da stemmte das Baby kräftig seine Beinchen gegen die Brust der Mutter und schrie so laut auf, dass die drei nächtlichen Besucher sich leise zur Tür schlichen. Vorsichtig öffneten sie sie und grüßten noch einmal zum Kind hinüber. Dann gingen sie in die Nacht hinaus.

„Das mögen sonderbare Heilige sein“, brummelte der Vater vor sich hin und holte die Haferflocken für seine Frau. Er hatte ihr nicht mehr zu geben. Wieder ballte er seine Faust. Aber da war kein Gesicht, in das er sie hätte schlagen können.

„Schau“, rief die Mutter ihrem Mann zu, „unser Kind hat geschrien, ganz laut hat es geschrien. Da sind die Fremden wieder gegangen. Es ist ein schönes, gesundes, kräftiges Kind, ein Kind voller Leben.“

Wieder riss das Neugeborene seinen Mund weit auf und schrie.

„Weint unser Söhnchen?"

„Nein, ich glaube, er freut sich und lacht", beruhigte ihn seine Frau. Sie war so glücklich.

„Heute ist ja auch Weihnachten." Dankbar hielt sie das Eselchen in den Händen.

„Ja, wirklich Weihnachten", brummte der Vater und legte noch etwas Holz in den Ofen. Eine Hand voll warmes, helles Licht fiel auf das schlafende Kind und weckte neue Hoffnung.

Dieser Beitrag ist der Geschichte „Drei dunkle Könige" von Wolfgang Borchert nacherzählt.

Heiligabend

Unter diesem Titel ist mir von Maxim Gorki eine wunderschöne Geschichte in die Hände gefallen. Er gehört zu den Großen der russischen Literatur. Eigentlich lautete sein Name Alexej Maximowitsch Peschkow. Er wählte das Pseudonym Gorki, was „der Bittere“ bedeutet, weil er selbst eine ungewöhnlich harte, freudlose Kindheit im Hause seines Großvaters hatte durchleiden müssen. Wegen kleiner Vergehen hat der Alte den Jungen fast totgeschlagen. In seiner sadistischen Art konnte er seine Wutausbrüche nicht mehr beherrschen und schlug dann wahllos auf den Jungen ein. So hat Gorki nach dem frühen Tod seines Vaters ein elendes Dasein führen müssen. Die Mutter empfand ihren Sohn als große Last. Einmal hörte Gorki, wie sie unter lautem Stöhnen zu einer Freundin sagte: „Mit diesem Klotz am Bein kann ich nicht weiterkommen. Wer heiratet schon eine junge Witwe mit einem solchen Anhängsel, wie ich es habe? Nie werde ich den Jungen lieben können; denn an ihm hat sich mein lieber Mann an der Cholera angesteckt. Maxim ist an seinem Tod schuld.“ Der Junge vernahm diese Worte, verstand sie aber nicht recht. Doch am nächsten Tag hatte er keine Lust mehr, seine Mutter zu küssen.

Erbärmlich wäre Gorkis Leben verlaufen, hätte es da nicht seine Großmutter gegeben, eine fromme, herzensgute Frau. Sie liebte das Kind und hatte sich den Kleinen sogar in ihr Schlafzimmer geholt. Er schlief auf einer Truhe, über der eine wunderschöne, große Uhr hing. Oft überfiel ihn aber nachts die Angst, die Uhr könnte auf ihn fallen. Dann kroch er in das Bett seiner Großmutter und kuschelte sich an ihre Seite.

In ihrem Zimmer hatte Großmutter ein Heiligenbild stehen. Wenn sie zu Gott betete, fiel sie auf ihre Knie, bekreuzigte sich und hielt ihre stille Andacht. Dann bat sie ihren Herrgott um Ruhe und Frieden für ihre Seele und für das ganze Haus. Bei der Großmutter fühlte sich der Junge wohl und geborgen.

Aus der Betrübnis seiner Kindheit hat sich in Gorki ein mitfühlendes Herz für alle Erniedrigten, Geschlagenen und Beleidigten entwickelt. Ganz deutlich wird dies an der folgenden Geschichte:

Gorki sitzt mit einem Gast in einer Schenke, und die beiden unterhalten sich angeregt. Der Dichter hat Gefallen an diesem Mann gefunden und bittet ihn, er solle ihm etwas aus seinem Leben erzählen. Der Fremde ist so abgemagert, dass man fast jeden Knochen an seinem Körper zählen kann. Seine Glatze glänzt, wenn die Sonne darauf fällt. Auf seiner Stirn zeigen sich viele Falten. Was diesen Burschen der Landstraße für Gorki so interessant macht, ist sein Redefluss. Mühelos purzeln die Worte aus seinem Mund, den man durch seinen rotbraunen Schnurrbart kaum erkennen kann.

„So, ich soll Ihnen aus meinem Leben erzählen?“, beginnt sein Gesprächspartner mit heiserer, krächzender Stimme. „Mein ganzes Leben würde Sie langweilen, ja ermüden. Aber vielleicht interessiert Sie eine kleine Episode. Gut, die werde ich Ihnen berichten. Bestellen Sie mir noch eine Flasche Bier. Es ist nämlich nicht ganz so einfach, in die Abgründe einer verpfuschten, ja fast sinnlosen Vergangenheit hinabzusteigen. Da braucht man schon einen kräftigen Schluck aus der Flasche. Das beruhigt. Ob Ihnen diese Geschichte gefällt, mein hoher Herr, kann ich nicht sagen, und für Ihre schriftstellerische Arbeit am Schreibtisch wird sie kaum etwas hergeben. Mir jedenfalls hat sie gefallen, und damit basta. Also, es geht um Folgendes:

Es war an einem Heiligabend. Mit meinem Kumpel Jaschka versuchte ich, mich auf der Straße behilflich zu zeigen. Frauen und alten Mütterchen, die sich mit bleischweren Taschen abmühten, boten wir an, ihre Einkäufe nach Hause zu tragen. Aber keine dieser ‚Mühseligen und Beladenen' würdigte uns auch nur eines Blickes. Sie setzten sich lieber in eine Droschke und jagten davon. Vielleicht misstrauten sie uns auch. Dies war heute nicht unser Tag. So fingen wir an, uns einige Rubel und Kopeken zu erbetteln. Aber freigebig waren die Leute nicht gewesen, obwohl es doch Weihnachten war und wir mit ihren mildtätigen Regungen gerechnet hatten. Jaschkas Mütze war mit 11 Rubel und 76 Kopeken viel mehr angefüllt als meine mit nur 29 Kopeken. Aber so war es fast immer. Er hatte eben mehr Glück im Leben als ich. Heute schien er fast ein reicher Mann zu werden. Er behauptete nämlich, eine wohlhabende Gönnerin habe ihm den ganzen Betrag in seine Bettelmütze geworfen, dazu noch ihr Portemonnaie und ihr Taschentuch dazugelegt. Ja, Glück muss man halt im Leben haben. Was wohl die reiche Dame zu solcher Freigebigkeit bewogen haben mag? Ich weiß es nicht.

‚Komm, komm!', drängte ich Jaschka. Er aber schaute sich öfter nach dieser Dame mit dem guten, weiten Herzen um. Jedenfalls gewann ich diesen Eindruck. Hat er es denn vergessen, sich vor ihr zu verbeugen und ihr Danke zu sagen? ‚Beeil dich, beeil dich, mach schon', rief ich ihm zu, obwohl wir schon unsere beiden Beine in die Hand genommen hatten. Ich wollte nämlich unbedingt nach Hause in die warme Stube. Ganz durchgefroren war ich. Dies war heute wirklich ein scheußlicher Tag. Keinen Hund hätte man vor die Tür gejagt, so kalt war es. Dazu fegte ein heftiger Wind die Schneekristalle durch die Straße, so dass sie unseren Gesichtern wehtaten. Ihre scharfen Spitzen ritzten sich in unsere Haut, als würden Messer durch das Gesicht fahren. Meinen Kopf verbarg ich halb im Mantelkragen, um mich wenigstens etwas gegen ihre Angriffe zu schützen. Noch hatten wir keinen Schafspelz an, wie es dieser Wintertemperatur angemessen gewesen wäre.

Jaschka schien die Hundekälte nicht zu spüren. Ihm war es geradezu warm geworden bei dem großen Glück, das er an diesem Tag gefunden hatte. Ich glaube, es war auch der Neid ihm gegenüber, der mich so frieren ließ. Ich bin nun mal kein Glückskind. So ist es in meinem Leben. Als mir einmal ein Samowar geschenkt wurde – er war noch mit heißem Wasser gefüllt –, rannte ich so schnell davon, dass ich mir dabei den Fuß verbrüht habe. Ins Spital musste ich für drei Wochen. Immer wurde ich vom Pech verfolgt. Bei einer anderen Gelegenheit ist mir noch etwas viel Schlimmeres passiert. Aber darüber will ich lieber schweigen.

Jaschka schwebte auf Wolke sieben: ‚Heute Abend wird gefeiert. Aber erst müssen wir für unser Kellerloch die Miete zahlen, sonst sitzt uns die Alte wieder im Nacken. Anschließend gönnen wir uns eine Flasche Schnaps. Wir werden uns auch einen Schinken kaufen. Dazu wird das Geld doch hoffentlich reichen. Weißt du, was so ein Schinken kostet?‘

So prahlte Jaschka mir etwas vor, während wir die

Straße entlangliefen. Nein, das wusste ich natürlich nicht, was so ein Schinken kosten würde.

Vor einem Laden, in den die Menschen hineindrängten, blieben wir stehen. ‚Das wird ein gutes Geschäft sein, sonst würden die Menschen nicht davor Schlange stehen.' Jaschka schob sich durch die Menge der wartenden Kunden nach vorne und rief: ‚Einen Schinken, bitte, einen guten!' Eine Dame ärgerte sich über meinen Kumpel. ‚Warum drängeln Sie so? Sie haben mich gestoßen und geschubst', beschwerte sie sich lauthals. ‚Ein Rabauke sind Sie, ein richtiger Rabauke!'

‚Ja, dieser Ansicht bin ich auch. Was haben Sie eigentlich mit Ihrer Hand in meiner Tasche zu suchen?', schimpfte eine andere Kundin. Jaschka wusste sich zu wehren: ‚Ich kaufe für mein Geld, und Sie für Ihres, und damit basta. Und jetzt bitte meinen Schinken!' Jaschka spielt sich hier wie ein Großmaul auf. Ich blieb ruhig und kaufte mir von den paar Kopeken eine Schachtel Fruchtpaste, eine Flasche Öl und zwei Bratwürste.

Mit seinem Schinken in der Hand jubelte Jaschka: ‚Und jetzt wird gefeiert! Weihnachten wird gefeiert! Und dann werden wir wie die Könige schmausen. Das gibt ein Fest, ein großartiges Fest.' Er tänzelte auf der Straße herum, hüpfte und sprang in die Höhe und putzte sich dabei seine Nase. Seine Augen leuchteten. Mir wurde es auch wohlig in der Magengegend, wenn ich an all die Delikatessen dachte, die wir gerade nach Hause trugen. Ab und zu sich mal etwas Gutes zu leisten, darin besteht die Freude für den kleinen Mann.

So eilten wir unserem Quartier entgegen. Noch immer blies uns der Sturmwind heftig ins Gesicht. Unsere Bude war ein dunkles, feuchtes Kellerloch.

Eine fromme Frau hatte sie an uns billig vermietet. Diese Region war einsam, und nach sechs Uhr abends begegnete man keinem Menschen mehr auf der Gasse. In diese gottverlassene Gegend traute sich keiner mehr. Man musste Angst haben, überfallen und ausgeraubt zu werden. Wer nur etwas Geld in seiner Tasche hatte, mietete sich hier bestimmt keine Wohnung. Aber uns blieb keine andere Wahl, als in dieser verruchten Ecke unsere Zelte aufzuschlagen.

Da tauchte plötzlich eine Gestalt vor uns auf. Sie schwankte hin und her und hatte wohl zu tief ins Glas geguckt. Jaschka stieß mich in meine Seite: ‚Hast du gesehen, der trägt sogar einen Pelz?‘ Wir liefen hinter dem Kerl her. Es war ein stattlicher Mann. Während er auf der Straße hin und her taumelte, murmelte er etwas vor sich hin. Plötzlich blieb er stehen. Beinahe wären wir in unserem Lauf auf ihn gestoßen. Mit tiefer, krächzender Stimme brüllte er laut: ‚Mich liebt keiner, mich will keiner!‘ Der Kerl drehte sich mit dem Rücken zum Zaun. ‚Ihr Diebe!‘, brüllte er uns an, ‚was wollt ihr? Ihr seid doch Diebe?‘

‚Bettler sind wir, ganz elende arme Bettler‘, hielt ihm Jaschka entgegen.

‚Na, dann gehören wir zusammen. Ich bin auch arm. Nein, ich bin arm dran, wollte ich sagen. Wohin führt euch euer Weg?‘

‚Wir gehen auf unsere Bude.‘

‚Ich komme mit euch. Ich weiß sonst nicht, wohin ich gehen soll. Nehmt ihr geschundenen, erbarmungswürdigen Gestalten mich mit? Ich versorge euch mit Essen und Trinken, und ihr gebt mir eine Schlafstatt. Bitte, seid nett zu mir.‘

‚Ja‘, schaute Jaschka mich an, ‚wir nehmen ihn mit. Das arme, versoffene Luder muss sonst noch bei dieser Kälte auf der Straße erfrieren. Ja, besoffen ist unser Freund, aber er hat ein Herz, wenn auch ein gequältes, geschlagenes Herz, das nach Hilfe schreit.' So luden wir unseren Freund ein.

'Ja, ich komme mit', atmete er befreit auf. 'Aber ihr wisst ja noch gar nicht, wer ich bin. Das will ich euch sagen, ein armer Kerl bin ich, der die Feiertage nicht durchstehen kann. Und heute ist Heiligabend. Ich bin Steuerinspektor Gontscharow, Nikolaj Dmitritisch, der bin ich. Zu Hause habe ich eine Frau und zwei Söhne. Oh, ich liebe sie über alles. Zu Hause habe ich alles, was ein Mensch braucht: Blumen, Bücher, Bilder, schöne Bilder. Alles gehört mir. Bei uns daheim ist es warm und schön dazu. Das müsstet ihr Kerle von der Landstraße erst mal sehen! Die Augen würden euch bei einem solchen Reichtum übergehen. Für das, was ich besitze, könntet ihr lange ins Wirtshaus gehen und euch besaufen. Ihr seid doch Säufer, nicht wahr? Aber ich bin kein Säufer, auch wenn ich jetzt stockbetrunken bin. Ich habe nur mal zu tief ins Glas geguckt, weil es mir so schwer ums Herz ist. Feiertage kann ich nicht aushalten, da wird mir mein Herz immer schwer. Es wird mir eng in der Brust, und ich drohe zu ersticken. Tief, ganz tief sitzen meine Wunden, und ich bin in meiner Seele krank, wenn du verstehst, was ich meine.'

Ich war ganz Ohr und nahm den Schrei seines Herzens in mir auf. *Er ist ein so gesunder, kräftiger Mensch und doch so unglücklich*, musste ich denken. Aber das Leben ist nichts für Kräftige und Gesunde. Uns gilt das Leben, den Schwachen, den Elenden, den Ausgestoßenen. Wenn du einen Fisch in den Sumpf steckst, dann krepiert er dir auf der Stelle. Frische Blutegel, Frösche und sonstiges niedriges

Gewürm aber kann darin überleben. Ja, da fühlen sie sich in ihrem Element. Im klaren, frischen Wasser bleiben sie nicht lange.

Dieser besoffene, reiche Mann fing plötzlich an, mich zu interessieren. So stützten wir ihn, oder vielmehr, wir schleppten ihn in unser Kellerloch. Unsere Wirtin war ganz aufgebracht. Sie dachte, wir hätten den Mann hierher gebracht, um ihn auszurauben, und sie wollte sogar schon die Polizei holen. Wir redeten unserer Wirtin gut zu und erklärten ihr, dass wir ja diesem Koloss von Mensch gegenüber immer den Kürzeren ziehen würden. Im Vergleich zu ihm waren wir schwindsüchtige, elende Kreaturen. Nur einmal hätte er mit seiner kräftigen Faust zuschlagen müssen, und wir wären zu Boden gegangen. Er hätte eine Gefahr für uns bedeuten und uns samt unserer Wirtin erwürgen können. Dabei hätte er sich noch nicht einmal anstrengen müssen. So beruhigten wir unsere Alte, und sie glaubte es uns auch.

Zu Hause setzten wir uns erst einmal um den Tisch. Es war ja Weihnachten, und wir wollten zu feiern beginnen. Den wunderschönen Pelz hatte der Fremde auf unserer Bettstatt abgelegt. Hemdsärmelig saß er nun da ohne eine Weste. Plötzlich fing unser Gast an herumzuschreien: ‚Diebe seid ihr und keine Bettler! Nur Lügen habt ihr mir aufgetischt! Zum Betteln seid ihr ja noch viel zu jung. Eure Augen sind frech und hinterlistig. Aber eigentlich ist mir dies ganz egal. Ihr schämt euch nicht eures Lebens, und das ist das Wichtigste. Ich aber muss mich schämen, und aus diesem Grunde bin ich von zu Hause weggelaufen.‘

Das war es, was den Steuerinspektor bedrückte, sein Gewissen. Und er fing an, gleich weiterzujammern: ‚Schrecklich, ja widerlich ist solch ein Leben immer nach einem bestimmten Schema. Ordnung herrscht bei uns zu Hause. Von eh und je hängt jedes Bild an seinem Platz. Kein Stuhl wird bei uns verrückt. Meine Frau herrscht über jedes Wandbrettchen und jeden Plunder. Unsere Zimmer stehen voll von all dem Kram. Alles dreht sich nur um das Mobiliar. Jetzt vor den Festtagen war es besonders schlimm. Kein Mensch kann es im Hause aushalten, wenn nur noch geputzt, blank gerieben, alles gewienert und fein gemacht wird. Bei uns daheim muss alles in den Zimmern blitzen. Das ganze Zeug lacht mich aus und widert mich an. Früher konnte ich nur drei Stücke mein Eigen nennen: Bett, Stuhl und Tisch. Jetzt stehen in allen Ecken Hunderte von Sachen herum. Leute kommen und gehen bei uns ein und aus. Alles reiche, wohlbetuchte Leute. Aber wohl fühlen kann ich mich nicht mehr in meinen eigenen vier Wänden. Die Menschen öden mich an. Ihr Gerede geht mir auf die Nerven. Eigentlich weiß ich schon im Voraus, was sie sagen wollen. Es ist alles so fad und langweilig bei uns. Ihre Seelen sind abgestumpft und kalt. Da ist kein Leben, wirkliches Leben darin. In ihrer Nähe fehlt mir die Luft zum Atmen. Ich fühle mich durch diese seltsamen Besucher wie in einem Sarg, mehr tot als lebendig. Ich hasse diese Schmarotzer und Wichtigtuer. Ich müsste ihnen allen den Marsch blasen und sie vor die Tür setzen. Aber das geht nicht. So überfällt mich bloß die Angst vor ihnen. Diese Gäste kommen ja gar nicht mir zuliebe. Wir sind für sie nur ein Aushängeschild dafür, dass wir betucht sind. Sie wollen sich auf unseren Möbeln breit machen. Am liebsten möchte ich sämtliche Möbel durchs Fenster auf den Hof werfen. Aber das kann ich nicht wegen meiner Frau. Sie hängt so sehr an ihrem Inventar. Meine Frau, das müssen Sie wissen, lebt nur für ihre Möbel. Fast ist sie selber schon so starr und hölzern. Wisst ihr, was ich damit sagen will? Es ist kein Leben mehr in unserem Haus, kein warmherziges, liebevolles Leben.'

Laut lachte der Inspektor auf. Es war ein verzweifeltes, drohendes Gelächter. Jaschka nahm die Pause in seiner Rede wahr und fragte ihn geradeheraus: ‚Warum lassen Sie sich das so einfach gefallen? Warum schlagen Sie nicht das ganze Mobiliar vor den Augen ihrer Frau kurz und klein?'

‚Was sagst du da? Was soll ich tun?'

‚Ja, so ganz mit einem Schlag zertrümmern sollen Sie das ganze Zeug.'

‚Du bist ein blöder Hund.' Sein Kopf fiel ihm dabei auf die Brust. Dann stöhnte er auf: ‚Mir ist so übel, schrecklich elend zumute. Ich fühle mich so einsam. Morgen ist Feiertag, und ich kann doch nicht nach Hause kommen, beim besten Willen nicht.'

‚Dann bleiben Sie doch hier bei uns. Wo zwei schlafen, findet auch noch ein Dritter Platz', schlug Jaschka vor.

‚Hier bei euch soll ich bleiben?' Dabei schaute sich der Gast in unserer verrußten Bude um. ‚Bei euch ist es auch entsetzlich. Aber ich mache euch einen Vorschlag. Wir siedeln einfach in ein Gasthaus um und dann trinken wir bis zum Geht-nicht-mehr. Danach überlegen wir, wie wir es weiterhalten sollen. Seid ihr damit einverstanden? Das anständige Leben soll endlich ein Ende haben. Aber das kapiert ihr ja nicht. Ihr seid ja ein Gesindel von lauter Dieben.'

‚Doch, doch, das verstehe ich ganz gut', fiel ich dem Inspektor ins Wort.

‚Du, sag mal, wer bist du überhaupt?', fragte er mich und sah mich dabei mit seinen glasigen Augen an.

‚Das kann ich Ihnen sagen. Ich war auch einmal ein anständiger Mensch und führte ein friedliches, ruhiges Leben. Aber der Kleinkram und der tägliche Alltagstrott haben mich förmlich aus dieser Art von Leben hinausgedrängt. Meine Seele hat es aus dem Leib gerissen. Darüber bin ich schwermütig geworden. Genauso elend war mir zumute wie Ihnen auch. Damals habe ich zum Wodka gegriffen. Der Schnaps hat mich aber ruiniert. Viel zu spät habe ich gemerkt, wie ich in die Fänge der Sucht geraten bin.'

Plötzlich riss der Inspektor die Augen auf. Lange schaute er mich von oben bis unten mürrisch und doch neugierig an. Er sagte kein Wort. Verächtlich zuckten seine Lippen unter dem dichten Schnurrbart. Seine Nase und Stirn zog er spöttisch hoch. ‚Hast du alles gesagt oder willst du mir noch etwas ausrichten?'

‚Nein, ich habe Ihnen alles gesagt', bestätigte ich ihm.

‚Und was bist du jetzt?' Mit großen Augen sah er mich an.

‚Ein Mensch. Auch der heruntergekommenste Kerl bleibt trotz allem noch ein Mensch. Früher habe ich Aphorismen verfasst, und sie waren geistreich.'

‚So, so.' Der Inspektor konnte seinen Blick nicht von mir wenden.

‚Wir sind tatsächlich kluge, intelligente Leute', hörte ich bescheiden Jaschka sagen.

‚Wir fühlen uns Ihnen gleichgestellt. Sie könnten unser Partner sein. Ja, wir sind einfache Leute, aber mit Grips und Hirn. Luxusmöbel sind für uns unwichtig. Sie können ganz getrost mit uns Freundschaft schließen.'

‚Ich mit euch?' Mit einem Schlag war der Inspektor völlig ernüchtert.

‚Jawohl, Sie. Und morgen geben wir Ihnen gerne einige Lebensweisheiten weiter.‘

‚Wo ist mein Pelz? Meinen Pelz will ich auf der Stelle haben‘, schrie der Inspektor Jaschka an. In großer Eile erhob er sich und stand nun ganz sicher auf beiden Beinen.

‚Wohin wollen Sie so schnell?‘, fragte ich.

‚Wohin? Das fragt ihr noch!‘ Mit entsetzten, großen Augen sah er mich an. Sie waren jetzt so groß wie Kalbsaugen. Er zitterte am ganzen Körper. ‚Ich? Ich will nach Haus.‘ Sein Gesicht sah enttäuscht aus, und er sagte nichts mehr weiter.

Ich musste denken: Das Schicksal hält für jegliche Art von Vieh den Stall bereit. Und wenn das Vieh noch so wild ausschlägt, es bleibt in dem ihm vorbestimmten Stall.

Draußen vor dem Haus hörten wir noch, wie er aus Leibeskräften schrie: ‚He, Droschke!‘“

Dies war die Geschichte, die mir mein Gesprächspartner im Gasthaus erzählt hat. Als er geendet hatte, schwieg er lange. Dann trank er bedächtig sein Glas leer, trommelte mit den Fingern auf die Tischplatte und trällerte eine Melodie vor sich hin.

„Und wie geht es weiter in dieser Erzählung?“, fragte ich.

„Weiter kommt nichts, Herr Gorki. Haben Sie denn noch etwas erwartet?“

„Ja, eigentlich den Heiligabend.“

„Ach so, den Heiligabend. Den haben wir trotzdem gefeiert, und zwar kräftig. Ich hatte vergessen zu erwähnen, dass der Inspektor uns seinen Geldbeutel verehrt hatte. 26 Rubel waren darin und dann noch einige Kopeken. Und ob wir den Heiligabend gefeiert haben, bis zum Grauen des nächsten Morgens!“

Dostojewskis Weihnachten in Sibirien

Es war der 24. Dezember 1849, nach unserer Zeitrechnung der Heiligabend, an dem ein Trupp von Gefangenen nach Sibirien geschickt wurde. Den Männern, darunter auch Dostojewski, wurden Ketten an die Füße geschmiedet, und in einem Schlitten fuhren sie in die sibirische Eiswüste. Während eines kurzen Aufenthalts in einem Gefängnis schenkte eine adlige Dame, die Dostojewski sehr schätzte und verehrte, dem Dichter eine Bibel. Sie war seine einzige Lektüre während seiner erbärmlichen, langen Haftzeit. Nie mehr hat er sie aus der Hand gegeben. Einmal ist sie ihm in der Gefangenschaft gestohlen worden. Ein Häftling wollte das dünne Papier zum Zigarettendrehen benutzen. Als er aber sah, wie traurig Dostojewski da saß, brachte er sie ihm wieder mit den Worten: „Das kann ja kein Mensch mit ansehen, wie niedergeschlagen und bedrückt du bist. Hier hast du deine Bibel wieder."

Wie war es nun zu der Verurteilung des berühmten russischen Dichters gekommen, der gerade jetzt durch sein Erstlingswerk „Arme Leute" unter die Gruppe der führenden Schriftsteller eingereiht worden war?

Im April 1848 war Dostojewski angeklagt worden, sich gegen den Zaren verschworen zu haben. In Kreisen, in denen sich Schriftsteller trafen, habe er mit anderen jungen Leuten die Idee eines Umsturzes vorbereitet. Ihm wurde vorgeworfen, er wolle eine geheime Druckerei einrichten, um dann Flugblätter und Aufrufe unters Volk zu bringen. Aber in diese Gruppe von vermeintlichen Verschwörern war ein

Spitzel eingeschleust worden, der dann diese aufrührerischen Machenschaften an die zaristische Polizei verriet. Den jungen Männern wurde der Prozess gemacht. Auch Dostojewski wurde zum Tode verurteilt. Nun war kurz vor Weihnachten der Tag seiner Hinrichtung gekommen. Noch einmal wurde den Gefangenen das Todesurteil verlesen. Dann ging ein Geistlicher an ihnen vorüber, und jeder durfte das Kreuz küssen. Diese Handlung entsprach einem alten Ritus und sollte dem Todgeweihten Trost in der Hinrichtungsstunde geben. Zum Zeichen, dass sie ihr Leben verwirkt hatten, wurde über ihrem Haupt ein Degen zerbrochen. Ihre Kleider mussten sie zuvor ausziehen. Weiße Totenhemden wurden ihnen übergeworfen. Viele Schaulustige nahmen an diesem Akt der Hinrichtung teil. Es war ein Spektakel größten Ausmaßes. Die Trommler hämmerten auf ihren Instrumenten. Es herrschte eine unheimliche, bedrückende Stimmung. Nie mehr hat Dostojewski diesen Augenblick vergessen können. Etwa 20 Schritte vor den Männern waren drei Pfähle in die Erde gerammt worden. Bevor nun die Gefangenen zur Richtstätte geführt wurden, blieben den Verurteilten noch fünf Minuten bis zu ihrem Tod. In der Erinnerung an diesen schrecklichen Tag der Qual kamen ihm diese fünf Minuten wie eine Ewigkeit vor. Sie waren mit einem besonderen Reichtum angefüllt und enthielten Leben, so viel Leben, wirkliches Leben. In Gedanken verabschiedete er sich von all seinen Lieben und Freunden. Die letzte Minute aber wollte er nur über sich selbst nachdenken. Bevor ihm diese entsetzliche Kapuze übergeworfen wurde, blickte er noch einmal auf die Kirche, die in der Nähe der Hinrichtungsstätte stand. Die Sonne schien auf die vergoldete Kuppel und ließ sie im herrlichen Glanz erstrahlen. Diese letzten Augenblicke seines Daseins schaute er nur zur Kirche hinüber. Das Strahlen hat ihn fasziniert. Es war ihm zumute, als wären diese Strahlen seine neue Natur. Und doch empfand er eine beklemmende Ungewissheit, und das zermarterte seine Sinne. So schreibt er später über dieses Erlebnis:

Wie aber, wenn ich nun nicht zu sterben brauchte? Wenn ich weiterleben konnte? Was für eine Ewigkeit! Und das alles würde dann mein sein! Ich würde dann jede Minute in ein ganzes Jahrhundert verwandeln; nichts von meiner Zeit würde ich verlieren, jede Minute berechnen, keinen Augenblick vergeuden.

Er hoffte, die Hinrichtung würde schnell vorübergehen, denn er empfand einen tiefen Hass und Zorn, dass sein junges Leben so früh ausgelöscht werden sollte.

In letzter Minute kam dann die Begnadigung. Als er wieder in den Kerker zurückgeführt wurde, schrieb er einen langen Brief an seinen Bruder Michail:

Nun ist alles entschieden. Ich bin zu vier Jahren Zwangsarbeit in einer Festung verurteilt. Hinterher – gemeiner Soldat. Mein Gott, wie viele Gestalten, lange gehegte und neu geschaffene, werden verderben, in meinem Kopf erlöschen oder sich als Gift in mein Blut einsaugen. Ja, wenn ich nicht schreiben darf, werde ich zu Grunde gehen. Besser 15 Jahre Kerkerhaft, aber mit der Feder in der Hand.

Diese wenigen Zeilen lassen erahnen, wie schwer ihm diese Zeit der Haft werden würde, wenn alle seine schöpferischen Kräfte in ihm lahm gelegt würden. Er fuhr fort:

Ich habe heute dem Tod ins Antlitz geschaut und diesem Gedanken standgehalten! Ich habe meine letzte Stunde schon durchlebt, nun fange ich noch einmal an zu leben. Bruder, ich schwöre dir, dass ich die Hoffnung nicht aufgeben werde, dass mein Herz und meine Sinne rein bleiben werden. Ich wurde zum Besseren wiedergeboren. Das ist meine ganze Hoffnung und mein Trost.

Bruder! Ich bin nicht verzagt ... Das Leben ist überall Leben, das Leben ist in uns selbst und nicht im Äußeren. Neben mir werden Menschen sein, und Mensch unter Menschen zu sein und es immer zu bleiben und in keinem Unglück zu verzagen – darin besteht das Leben, darin liegt die Aufgabe des Lebens. Das ist mir bewusst geworden. Diese Idee ist mir in Fleisch und Blut eingegangen ...

Dieser Brief Dostojewskis ist sehr bewegend. Der Schrecken des Todes ging dem Dichter unter die Haut. 28 Jahre jung war Dostojewski, als er an diesem Morgen die Hinrichtung vor Augen hatte. Aber dann kam ein Bote geritten und verkündete die Begnadigung aller Gefangener durch den Zaren. Die Todesstrafe wurde in eine vierjährige Haftstrafe verwandelt. Nun durchströmte ihn eine nicht in Worte fassbare Freude, dass ihm das Leben noch einmal geschenkt worden war. Es war ihm zumute, als sei er von den Toten auferstanden. Gewiss, der Weg, der nun in die Verbannung führte, war von Leid, von Entbehrung und von Brutalität gezeichnet. So hat er sein Werk, in dem er seine Zeit in der Verbannung beschreibt, ganz bewusst „Aufzeichnungen aus einem toten Haus“ genannt.

Neben all dem Schrecklichen, dem Ekelerregenden und Gemeinen gab es aber auch eindrucksvolle, bewegende Momente. Dazu gehörte das Weihnachtsfest in der Kathorga. Darüber berichtet er:

Endlich waren die Feiertage angebrochen. Schon am Heiligabend gingen die Sträflinge kaum zur Arbeit. Wer kann wissen, wie viele Erinnerungen beim Feiern eines solchen Festes in den Seelen dieser Ausgestoßenen wach wurden! Es sind Tage der Ruhe nach harter Arbeit, Tage, an denen sich die ganze Familie zusammenfindet. Im Zuchthaus aber konnten diese Erinnerungen nur Qual und Sehnsucht auslösen. Die Achtung vor dem Fest war bei den Sträflingen zu einer eigentümlichen Formalität geworden; nur wenige zechten, alle waren ernsthaft und schienen mit irgendetwas beschäftigt zu sein, wenn auch viele überhaupt nichts zu tun hatten. Aber auch die Müßiggänger und Zecher bemühten sich, eine gewisse Würde zu wahren ... Jedes Gelächter war verpönt ... Diese Stimmung der Gefangenen war bemerkenswert, ja rührend. Abgesehen von der angeborenen Ehrfurcht vor dem hohen Fest spürte der Sträfling unbewusst, dass er durch diese Beachtung des Feiertages gleichsam einen Berührungspunkt hatte zur ganzen übrigen Welt, dass er folglich noch nicht ausgestoßen und verloren war, ein von der Gesellschaft abgetrenntes Glied, dass es auch im Zuchthaus nicht anders zuging als bei anderen anständigen Leuten. So empfanden sie alle, das war ganz offensichtlich und nur zu begreiflich ...

Es war noch nicht ganz hell geworden, da drangen vom Tor schon die ersten Rufe des Gefreiten herüber: „Köche her!" Diese Rufe erschollen an die zwei Stunden lang alle paar Minuten. Sie galten den Köchen, die kommen und die Almosen in Empfang nehmen sollten, die von allen Enden der Stadt am Zuchthaustor abgeliefert wurden. Diese Gaben liefen in großer Menge ein, und zwar in Form von Kalatschen, Brot, Quarkkuchen, Eierkuchen, Fladen, Pfannkuchen und anderem Buttergebäck. Ich glaube, es gab keine Kaufmannsfrau oder Kleinbürgerfrau in der Stadt, die nicht von ihrem Backwerk geschickt hätte, um den „Unglücklichen" und den Gefangenen ein frohes Fest zu wünschen. Da waren üppige Gaben – Brote aus Butterteig und feinstem Mehl, die in großer Zahl geschickt worden waren. Aber auch sehr armselige Almosen waren darunter – etwa ein kleiner, billiger Kalatsch oder zwei Fladen aus dunklem Mehl, kärglich mit saurem Rahm bestrichen. Das war die Gabe des Allerärmsten für die Armen. Alle die Spenden wurden mit gleicher Dankbarkeit in Empfang genommen, ohne Unterschied zwischen üppigen und kärglichen Gaben, zwischen reichen und armen Spendern. Die Gefangenen, die die Almosen abholten, zogen die Mützen, verneigten sich, wünschten ein gesegnetes Fest und trugen die Sachen in die Küche. Als sich schon ganze Berge von gespendetem Backwerk auftürmten, wurden die Stubenältesten aus jeder Kaserne gerufen, die nahmen dann die Verteilung vor, wobei alle Kasernen gleichmäßig bedacht wurden. Es gab keinen Streit und kein Schimpfen; alles wurde redlich und gleichmäßig verteilt ...

Dabei hörte man keine Einwände, es gab keine Missgunst untereinander; alle waren zufrieden, niemand kam auf den Verdacht, von den Spenden könnte vorher etwas beiseite geschafft oder ungerecht verteilt worden sein ...

Viele Gefangenen beteten bereits, hauptsächlich die Älteren. Von den Jüngeren beteten nur wenige: Sie bekreuzigten sich wenigstens beim Aufstehen selbst am Feiertage ...

Unterdessen bereitete man sich in der Militärkaserne auf den Empfang des Geistlichen vor ... In der Mitte des Raumes hatte man ein mit einem sauberen Handtuch bedecktes Tischchen aufgebaut, darauf hatte man eine Ikone gestellt und das Öllämpchen entzündet. Endlich traf der Geistliche mit Kreuz und Weihwasser ein. Nachdem er vor der Ikone gebetet und gesungen hatte, stellte er sich mit dem Gesicht zu den Gefangenen auf, und alle traten in aufrichtiger Andacht herzu, um das Kreuz zu küssen. Anschließend ging der Geistliche durch alle Kasernen und besprengte sie mit Weihwasser.

So kam Christus als der liebste Gast auch in das Gefangenenlager nach Sibirien und ließ es dort Weihnachten werden.

So ist Versöhnung

Meine Beziehung zu meiner Schwiegermutter war von manchen Schwierigkeiten begleitet, und sie begannen schon gleich mit unserer Hochzeit. Ich hatte den einzigen Sohn einer Mutter geheiratet und ich hätte nie gedacht, dass es zu solchen Komplikationen kommen könnte. Meine Schwiegermutter war allein erziehend und sehr eng mit ihrem Sohn verbunden. Wenn er abends von der Universität nach Hause kam, kochte sie ihm immer noch eine Tasse Tee und stellte leckere Plätzchen oder belegte Brote auf den Tisch. Manchmal hatte sie sogar einen Frankfurter Kranz oder eine Schwarzwälder Kirschtorte gebacken und ließ dann in einem guten Gespräch bis meist nach Mitternacht den Abend ausklingen. Nun war ich „junges Ding", wie sie mich manchmal in ihrer Launenhaftigkeit nannte, in die traute Zweisamkeit geplatzt, und meine Schwiegermutter hoffte, das Teestündchen am Abend mit hinüberretten zu können. So passierte es sehr häufig, dass sie zu uns hinaufrief: „Karl Heinz, komm doch bitte mal herunter. Wir müssen noch etwas ganz Wichtiges besprechen." Mein Mann ging dann die Treppe hinunter und kam und kam nicht wieder herauf. Ich lag in meinem Bett und wartete eine Stunde, dann zwei, und wurde vom Unmut gepackt; denn es war schon so oft der Fall, dass mein Mann von seiner Mutter mit Beschlag belegt wurde, gerade immer am Abend. Als er endlich nach Mitternacht im Schlafzimmer erschien, packte mich der Zorn. Es fielen böse, hässliche Worte. Näher will ich dies nicht ausführen. Bei meinem Temperament kann sich jeder die Wutausbrüche selbst vorstellen. Mein Mann legte sich ins Bett und sagte keinen Ton mehr, und das machte meinen Zorn noch größer, weil mein Reden ihn nicht erreichte. Es war, als spräche ich gegen eine Wand. Ein oder zwei Stunden lagen wir nebeneinander und redeten kein Wort. Dann aber packte ich meinen Mann am Arm und rief weinend aus: „Karl Heinz, lass uns doch miteinander reden. Wir wollen Christen sein und schweigen uns hier an.“

Dann haben wir bis ins Morgengrauen hinein über unsere vielfältigen Konflikte gesprochen. Es war ein Wort, das uns in unserem Gespräch einen neuen Weg aufzeigte: Vertrauensbasis. Es wurde uns klar, dass unsere Beziehung vom Vertrauen getragen werden sollte. Kein Mensch darf sich trennend zwischen uns stellen. Wir beide gehören zusammen. Aber es war uns auch bedeutsam, dass unsere Mutter in unsere liebende Beziehung mit eingeschlossen bleiben sollte. Wir dürfen dem Teufel nicht erlauben, Zwietracht aufkommen und unsere Familie zerstören zu lassen. Unsere Mutter soll auch in den Himmel kommen. Das war die neue, rechte Perspektive für unser Miteinander.

Aber wenn wir auch solch einen Entschluss fassten, so war es noch ein langer, harter Weg, ihn in die Tat umzusetzen. Dies war ein erster Schritt, dem noch viele folgen sollten. Ich weiß in dem Verhältnis zu meiner Schwiegermutter um manches Gelingen, aber auch um viele Niederlagen. Mal verstanden wir uns recht gut – das war besonders in der Zeit der Fall, als unser erstes Kind geboren wurde –, aber dann gab es immer wieder Zeiten, in denen wir froh waren, wenn wir uns aus dem Weg gehen konnten. Wenn man unter einem Dach wohnt, ist dies nicht so ganz einfach. Geholfen hat mir das Gespräch mit einem Pfarrer, der mir einen guten Rat mit auf den Weg gab: „Frau Bormuth, beten Sie täglich für Ihre Schwiegermutter. Das Gebet wird in Ihnen Verständnis für die Mutter Ihres Mannes wecken.“ Dieser Rat gefiel mir zunächst gar nicht, und wenn ich ehrlich bin, hätte ich in dieser Zeit lieber für einen Eskimo in Grönland oder für einen Indianer in Südamerika gebetet als für meine Schwiegermutter. Aber ich wollte Gott gehorsam sein und übte mich im Beten. Es ist erstaunlich, wie sehr mir das tägliche Gebet geholfen hat. Ich lernte Mutter viel besser verstehen und wurde bereit, mich selber nicht mehr so wichtig zu nehmen. Ja, ich konnte sie sogar ehren, denn sie hatte meinem Mann das Leben geschenkt.

Die Lösung unserer Probleme geschah nicht von heute auf morgen, sondern ich brauchte einen langen Atem und viel Geduld. Im Rückblick bin ich dankbar für diese Lebensschule. Wir fanden zueinander.

Als meine Schwiegermutter 90 Jahre wurde, richtete ich ihr den Geburtstag aus. Ich backte Torten und Kuchen, und es wurde ein schönes Fest ohne einen Tropfen Wermut. Mutter saß in ihrem Lehnstuhl und war glücklich über die Gratulation, die sie von unserer großen Familie entgegennehmen konnte. Einen Sohn hatte sie, jetzt aber war die Familie auf fünf Enkel mit ihren Partnern und sechs Urenkel angewachsen. Jeder überreichte ihr ein Geschenk: ein Fläschchen Parfüm, eine Schachtel Pralinen, einen Strauß Rosen ... Sie war so stolz auf ihre Enkel, die schon fast alle im Berufsleben standen. So verbrachten wir glückliche Stunden miteinander. Als ich mich am Abend von ihr verabschiedete, dankte sie mir, drückte mich in ihre Arme und gab mir einen herzhaften Kuss auf die Stirn. Dieser Kuss war mir sehr wertvoll, denn ich kann mich sonst kaum an einen Kuss von ihr erinnern.

Nach ihrem 90. Geburtstag nahmen ihre körperlichen Kräfte ab. Es war uns klar, dass sie nun nicht mehr in ihrer eigenen Wohnung leben konnte. Behutsam bereiteten wir den Übergang zu uns vor. Als sie einmal in die Klinik musste, schien uns der Zeitpunkt ihrer Entlassung günstig zu sein, sie zu uns zu nehmen. Mein ältester Sohn begleitete mich bei diesem so wichtigen Gespräch.

„Weißt du, Mutter, du bist noch so schwach und kannst nicht auf deinen eigenen Beinen stehen. Ich glaube, dir würde eine Erholungszeit bei uns gut tun. Wir nehmen dich jetzt erst einmal zu uns nach Hause." Ohne Widerrede ließ sie sich ins Auto tragen, und so fuhren wir zum Sperberweg. Ein Zimmer hatte ich schon für sie gerichtet und einen Blumenstrauß auf den Tisch gestellt. Ich übernahm ihre Betreuung, denn sie war nun zum Schwerstpflegefall geworden. Sie hat in der Zeit, in der sie bei uns war, nicht einmal gejammert, dass sie in ihre Wohnung zurückwolle, sondern genoss es, ihre Lieben so ganz nah um sich zu haben. Als ich sie einmal am Morgen wusch, schaute sie mich freundlich an und lächelte: „Ach Lotte, dass du mich aber so gut versorgst!" Dabei drückte sie mir ganz fest meine Hand.

Besonders Daniel, der noch zu Hause wohnte, nahm sich ihrer herzlich an. Wenn er für seine Oma das Abendbrot richtete, legte er meist noch einen Kranz von Schokoladenbonbons um ihr Wurstbrot. Er setzte sich auch immer zu ihr ans Bett, sang ihr ein Lied vor, betete mit ihr, und dann nahmen sie gemeinsam die Mahlzeiten ein. „Weißt du, Mutti", erzählte mir einmal Daniel, „ich will ja Pfarrer werden. Da habe ich es doch auch in meinem Beruf mit vielen alten Menschen zu tun. Den Dienst bei der Oma sehe ich wie ein Praktikum an. Ich bin richtig froh, dass ich dir in der Pflege und Versorgung von Oma helfen kann." Daniel hat viel Liebe in die Betreuung gelegt. Seine Freunde – und er hatte sehr nette Freunde – nahm er mit in Omas Zimmer. So sorgten sie mit ihrem Lachen und Erzählen für Kurzweil.

Dann kam ein Tag, an dem Großmutter das Essen verweigerte. Ihr Zustand verschlechterte sich merklich. Sie schlief und schlief und zeigte kaum noch Interesse für ihre Umgebung. Vier Tage vor Weihnachten holte sie Gott heim in seine neue Welt. Daniel hat an ihrem Tod am meisten gelitten, denn er hatte viel Liebe und Aufopferung investiert. Am Tag vor Heiligabend fiel meinem Mann die nicht leichte Aufgabe zu, seine Mutter zu beerdigen. Fast 93 Jahre war sie alt geworden und hatte damit das biblische Alter weit überschritten. So standen wir als Großfamilie um ihren Sarg und hörten auf den Text aus dem Hebräerbrief: „Wir haben hier keine bleibende Statt, sondern die zukünftige suchen wir." Mutter hatte sie gefunden. Ich konnte zu diesem Heimgang nur sagen: „Du, Gott, hast alles wohlgemacht."

Am Grab meiner Schwiegermutter wurde mir deutlich, welch eine Bedeutung das Kommen Jesu an Weihnachten für unser Leben, aber auch für unser Sterben hat. Wir wären rettungslos verloren, wüssten wir nicht um die Geburt Jesu Christi. Der Gottessohn hat den Himmel verlassen und ist zu uns auf unsere Erde gekommen, damit wir einen Retter und Heiland hätten. Dieses Weihnachtsfest wurde bei uns in großer Stille verbracht. Aber die Hoffnung war uns gewiss: Das Kind in der Krippe ist auch der Mann am Kreuz. Weihnachten, Karfreitag und Ostern gehören untrennbar zusammen. Darüber können wir nur staunen.

Was gibt's am Heiligabend?

Weihnachten stand vor der Tür, und unser Geldbeutel war fast leer. Nur noch fünf Mark steckten darin. Wir hatten im Dezember Kohlen gekauft, und diese Rechnung hatte ein großes Loch in unser sowieso karges Budget gerissen. Irgendwie würde ich es schon schaffen, über die Runden zu kommen. Ich war erfinderisch, was den Küchenzettel betraf. Geröstete Haferflocken mit Milch oder Pellkartoffeln mit Quark sind ja auch nahrhafte Mahlzeiten. Verwöhnt war ich nicht und Not hatte ich schon öfter kennen gelernt: bei der Umsiedlung im Lager, auf der Flucht 1945 und vor allen Dingen in der Nachkriegszeit.

Peinlich wurde für mich meine Situation erst, als mich eine Verwandte mit etwas ironischem Unterton in der Stimme fragte: „Na, Lotte, was gibt's bei euch in eurer jungen Ehe zu Weihnachten, Gans oder Entenbraten?"

Diese Tante versuchte sich immer in unsere Angelegenheiten einzumischen und war der Ansicht, wir hätten mit unserer Hochzeit so lange warten sollen, bis unsere Existenz gesichert wäre.

Sie wusste um unsere prekäre Situation. Eine Antwort wollte ich ihr darauf nicht geben und ging schnell in unsere Mansarde zurück. Ich wollte jetzt allein sein und mit Gott reden. In dieser Zeit, da wir finanziell durch Engpässe gingen – die Referendarzeit meines Mannes würde noch eineinhalb Jahre dauern –, hielt ich mich an das Wort: „Alle eure Sorge werfet auf ihn, denn er sorgt für euch." Wir würden trotzdem ein schönes Weihnachtsfest feiern, auch ohne Gänse- oder Entenbraten. Diese Frage sollte mich nicht bekümmern.

Am nächsten Morgen läutete der Postbote an der Tür und übergab mir einen Brief von meinen Eltern. Er enthielt liebe Weihnachtsgrüße. Außerdem flatterte ein Fünfzigmarkschein aus dem Umschlag. Mit diesem Geldsegen hatte ich nie und nimmer gerechnet. Ich staunte und konnte es nicht abwarten, bis mein Mann aus seinem Unterricht heimkam. Schon von weitem wedelte ich mit meinem Fünfzigmarkschein. Das war damals sehr viel Geld. Hatte mein Vater denn geahnt, dass wir so knapp bei Kasse waren? Wir beschlossen, die Weihnachtsfeiertage und die anschließenden Ferien bei meinen Eltern zu verbringen. Von dem Geld kauften wir uns die Fahrkarten und fuhren nach Hause. Wunderschöne Festtage haben wir dann bei meinen Lieben verbracht, sogar mit Putenbraten.

So sorgte Gott für uns in überschwänglicher Weise. Er ist treu.

Unser Papa hat uns verlassen

Ines Baumann erzählt:

Wahnsinnig könnte ich werden, wenn ich an das letzte Weihnachtsfest denke. Ich glaube, ich kann nie wieder unter einem Christbaum froh werden. Ich wusste, dass es um unsere Ehe nicht rosig bestellt war. 17 Jahre waren wir nun verheiratet und führten, so dachte ich wenigstens, ein ganz normales Familienleben, bis dann mein Mann Karriere machte und zum Abteilungsleiter seiner Firma befördert wurde. Das war eine große Herausforderung für ihn, und oft blieb er noch bis spät am Abend in seinem Büro. Ich hatte Verständnis für seine neue Arbeitsweise und merkte zu spät, dass seine Sekretärin der eigentliche Anlass war. Mit ihr vergnügte er sich. Nie hätte ich mir vorstellen können, dass mein Mann mir untreu würde. Am 2. Advent gingen mir dann die Augen auf, als ich vor vollendete Tatsachen gestellt wurde. Mürrisch und schlecht gelaunt verschwand mein Mann im Schlafzimmer und fing an, seine Koffer zu packen. Als ich dazukam und ihn erstaunt fragte: „Sag mal, Sebastian, wo willst du hin? Was soll das bedeuten?“, herrschte er mich an und meinte: „Du scheinst ja noch immer nicht zu begreifen, dass wir nicht zusammenpassen. Ich habe etwas Besseres gefunden und deshalb breche ich die Beziehung zu dir ab. Beim Scheidungsanwalt werden wir uns wieder begegnen.“

„Aber Sebastian, was ist mit dir los? Das geht doch nicht. Denk an Ilona, Maike und Alexander! Du kannst uns nicht einfach im Stich lassen.“

„Ja, ich kann! Und jetzt lass mich in Ruhe. Über meinen Anwalt werde ich alles andere mit dir regeln.“ Dabei drängte er mich mit hartem Griff aus dem Schlafzimmer und schloss ab. Er suchte alle seine Siebensachen zusammen. Schon eine Stunde später saß er in unserem Mercedes und fuhr davon. Ich begriff die Welt nicht mehr und war wie vom Schlag getroffen. Erst jetzt verstand ich, warum er unbedingt wollte, dass die Kinder übers Wochenende die Großeltern besuchen sollten. Am Freitag hatte er sie nach Arbeitsschluss nach Hamburg gebracht, um ihnen den Anblick der Trennung zu ersparen. Ich war ratlos, warf mich aufs Bett und heulte in meine Kissen. Ich stand vor einem Scherbenhaufen. Das wurde mir jetzt klar. Hatten wir am Altar nicht beide versprochen, dass wir zusammenbleiben wollten in guten wie in bösen Tagen? Nur der Tod dürfe uns scheiden. Was war aus diesem Gelübde geworden?

Ich kam mir vor wie ein Kind, das am Ufer des Flusses steht und eine Hand voll Blätter in das Wasser wirft. Fort, weit fort treiben sie die Wellen. So war es auch mit all meinen Träumen, Wünschen und Sehnsüchten. Ich hielt nichts mehr in Händen, alles war mir entglitten. Und dann beschlich mich die Angst: Was sage ich bloß meinen Kindern, wenn mein Vater sie in fünf Stunden wieder heimbringen wird? Soll ich sie vor die nackten Tatsachen stellen und ihnen sagen, dass Papa uns verlassen hat? Das geht doch gar nicht. Der Gedanke an die Kinder ließ mich fast verzweifeln. Ich würde meine Mutter anrufen und ihr von meinem Desaster erzählen. Vielleicht gelänge es ihr besser, den Kindern klar zu machen, dass wir nun eine Familie ohne Vater sind. Ich griff zum Hörer.

Gewiss, meine Mutter war auch entsetzt von dem,

was ich ihr berichtete, und wollte es mir zunächst nicht glauben. Aber dann versuchte sie, mich zu beruhigen und sagte mir zu, dass sie mit den Kindern reden wollte.

Gegen Abend kehrten dann unsere drei heim, aber unser Haus schien ein totes Haus zu sein. Der Vater war ja nicht mehr da. Die Kinder schlichen durch die Zimmer und über ihre Wangen flossen die Tränen.

„Mama, warum?“, fragte Alexander und schaute mich durchdringend an. Ich konnte unserem Ältesten keine Antwort geben und zuckte nur mit den Schultern. In der Nacht holte ich mir die beiden Kleinen zu mir ins Schlafzimmer. Sie schliefen nun in Papas verlassenem Bett. Allein hätte ich sonst die Nacht nicht durchstehen können. Mir fehlte Sebastian. Nun spürte ich wenigstens den warmen Atem der Mädchen und das Rascheln der Federbetten, wenn sie sich in den Kissen wälzten. An Schlaf war nicht zu denken. Der Gedanke quälte mich, dass nun bald Weihnachten sein würde. Doch in diesem Jahr würde es kein Weihnachten für uns geben; denn Papa war ja nicht da, und ohne ihn konnte ich mir keine Festfreude vorstellen. Ich würde meine drei zu meinen Eltern bringen. Dort sollten sie das Christfest feiern. Ich aber würde mich in meinen vier Wänden verkriechen und meinen Kummer im Alkohol ertränken. War der Schnaps in solch einer vertrackten Situation nicht der rechte Problemlöser? Anschließend würde ich mich ins Bett legen und bis in die Puppen schlafen. Whisky und warme Federn würden dann in diesem Jahr meine Weihnachtströster sein.

Aber da hatte ich die Rechnung ohne den Wirt gemacht. 200 Kilometer entfernt wohnten meine Eltern, die in dieser Nacht auch keinen Schlaf fanden und nachdachten, was denn nun in meiner Lage zu tun sei. Gleich am nächsten Morgen rief mich meine Mutter an, als die Kinder in der Schule waren: „Ines, wir wollen uns bei dir einladen. Weihnachten werden wir bei dir verbringen. Vater und ich haben uns alles gut durch den Kopf gehen lassen. Wenn auch deine Situation verzweifelt böse ist, so wollen wir gemeinsam mit dir und den Kindern Weihnachten feiern. Back du die Plätzchen, wir bringen den Christbaum mit und sorgen für alles andere. Denn du, die Kinder, ja, wir alle brauchen Weihnachten. Tschüss, Ines!"

Sollte ich wirklich das Christfest feiern? Dieser Gedanke ließ mich nicht mehr los. Hin und her überlegte ich, was denn nun in meiner Lage zu tun sei, und erklärte mich mit den Plänen meiner Eltern einverstanden. Denn Weihnachten ist gerade für betrübte Herzen recht, kam mir in den Sinn. Die Festfreude soll zu den Verzweifelten dringen. Wie haben doch die Engel auf Bethlehems Feldern gerufen? „Fürchtet euch nicht! Siehe, ich verkündige euch große Freude, die allem Volk widerfahren wird. Denn euch ist heute der Heiland geboren!"

Ja, der Heiland ist geboren, auch für mich! Das hätte ich fast in all meinem Kummer und Elend vergessen. Aus der Schublade holte ich mein Gesangbuch hervor und suchte Jochen Kleppers Weihnachtslied, das mir schon als junges Mädchen so sehr gefallen hat. Als ich die Verse las, war mir zumute, als berühre der Engel von Bethlehem mein Innerstes. Das Lied betraf genau meine Situation, und meine zerrissene Seele fand Trost:

„Die Nacht ist vorgedrungen,
der Tag ist nicht mehr fern.
So sei nun Lob gesungen
dem hellen Morgenstern!
Auch wer zur Nacht geweinet,
der stimme froh mit ein.
Der Morgenstern bescheinet
auch deine Angst und Pein.

Noch manche Nacht wird fallen
auf Menschenleid und -schuld.
Doch wandert nun mit allen
der Stern der Gotteshuld.
Beglänzt von seinem Lichte,
hält euch kein Dunkel mehr,
von Gottes Angesichte
kam euch die Rettung her."

Auch das ist Weihnachten

Friedrich von Bodelschwingh erzählt:

Nun wurde es bald Weihnachten. Wie sehr freute sich unsere Kinderschar auf dieses Fest. Erwartungsvoll und froh sehnten sie diese wunderbaren, festlichen Tage herbei. Schon in der Adventszeit klangen ihre Lieder aus vollen Kehlen durch das Haus, und sie brachten dem Christuskind ihre Lobgesänge. Sogar der Jüngste, der gerade die ersten Worte sprechen konnte und das Laufen gelernt hatte, trällerte lustig mit der Geschwisterschar die Melodien, nicht immer richtig, mit. Ich war erfreut, meine Vier so begeistert zu sehen. Es war so, als wollte uns Gott noch einmal das Glück einer munteren Kinderschar genießen lassen. Als aber der Heiligabend kam, merkten wir, wie still und bedrückt unser Ernstchen war. Während die anderen draußen im Schnee spielten, saß er zu Hause in einer Ecke. Seit einigen Tagen quälte ihn ein böser Husten, der ihn an die Stube fesselte. Meine Frau hatte den Kleinen die Geschichte von den beiden Kindern vorgelesen, die den Himmel suchten. Sie hatten gespannt zugehört, so dass ihre Augen glänzten.

Zwei Tage vor Weihnachten hatten sich Ernst und Elisabeth ganz allein auf den Weg begeben. Sie wollten einem schwer kranken Nachbarskind, das wohl auf dem Weg zur neuen Welt Gottes war, ein Buch als Weihnachtsgeschenk bringen. Dieser Besuch hatte unsere beiden erfreut, und glücklich kehrten sie wieder nach Hause zurück. Das war der letzte Gang, den Ernst unternommen hatte. Danach verschlimmerte sich sein Husten. Er hatte Keuchhusten und litt unter Erstickungsanfällen. Seine Kräfte nahmen merklich ab, und er musste nun das Bett hüten. Auf seinem Gesicht zeichneten sich Angst und Wehmut ab. Der Junge hatte sich in den letzten Tagen sehr verändert. Wenn wir ihm Spielsachen an sein Bett brachten, dann rührte er sie nicht mehr an. Teilnahmslos lag er da. Aber er freute sich, wenn wir ihm etwas vorlasen. Doch es sollten ernste Geschichten sein und keine lustigen. Er bat mich, dass wir doch die Morgenandacht an seinem Bett halten sollten. Wenn wir das Vaterunser gemeinsam beteten, sprach er die Worte deutlich, aber mit leiser, kläglicher Stimme mit.

Dann ereignete sich etwas, was uns fast das Herz brach. Bald konnten auch die beiden anderen nur noch zitternd das Gebet murmeln. Die Atemnot machte inzwischen allen Kindern schwer zu schaffen. Wir holten den Arzt, und dieser stellte bei Ernst neben dem Keuchhusten noch eine gefährliche Lungenentzündung fest. Sein Zustand verschlechterte sich von Tag zu Tag. Auch die drei jüngeren Kinder litten schwer unter einem Stickhusten, und der Jubel im Hause verstummte schnell. Dieser Keuchhusten war von übelster Art mit hohem Fieber und krampfartigen Anfällen verbunden. Auch bei den anderen drei Kindern waren die Lungen angegriffen. Vor allen Dingen litt Ernstchen an schrecklichen, lang anhaltenden Schmerzen vor dem Hustenanfall. Die Kinder wurden immer elender. Unser kleiner Friedrich ging als Erster heim zu der oberen Schar. Er war ein so treuherziges Bürschchen, hatte tiefdunkle Augen, die fast schwermütig dreinblickten, und gewann die Herzen der Menschen. Pastor wollte er werden wie sein Vater und ihm später helfen, den Menschen von Jesus zu sagen. Nie werde ich seine Augen vergessen, wenn er in gesunden Tagen an meinen Lippen hing. Wenn es an das Beten ging, war er immer der Erste, der das Vaterunser anstimmte. Als meine Frau im Herbst sehr kränklich war und sie nicht zur Morgenandacht kommen konnte, bat er sich immer ein Lied für die liebe Mama aus, das ihm sehr am Herzen lag. Besonders die letzte Strophe des Liedes „Wachet auf, ruft uns die Stimme" hatte es ihm angetan:

„Gloria sei dir gesungen
mit Menschen- und mit Engelzungen,
mit Harfen und mit Zimbeln schön.
Von zwölf Perlen sind die Tore
an deiner Stadt, wir stehn im Chore
der Engel hoch um deinen Thron.
Kein Aug hat je gespürt,
kein Ohr hat je gehört
solche Freude.
Drum jauchzen wir
und singen dir
das Halleluja für und für."

Nun durfte der kleine Friedrich als Erster sein himmlisches Gloria anstimmen und in die Perlentore einziehen. Still und ganz gelassen sah der Junge dem Tod ins Auge. Ab und zu bat er um ein Schlückchen Wasser. Das war das Einzige, was das Kind zu sich nahm. Allerdings war sein Durst groß. Schließlich wollte er fast jede Minute etwas zu trinken haben. Bis zuletzt blieb er bei Besinnung. Meine Frau versuchte, die kalten Händchen und Füßchen warm zu reiben, dachte sie doch, er habe nur einen Krampf. Aber es war der Todesengel, der schon seine kalte

Hand auf unseren süßen, kleinen Schatz gelegt hatte. Meine Frau und ich wichen keinen Augenblick von seinem Bettchen. Plötzlich hob er seine Augen gen Himmel. Sie waren wunderschön und hatten schon einen übernatürlichen Glanz. „Was siehst du, Friedemännchen?“, fragte ihn Mutter. Er aber gab keine Antwort. Seine Augen brachen, und wir nahmen Abschied von ihm. Doch noch einmal schlug er sie auf und flüsterte: „Mama, Schoß.“ Meiner Frau liefen die Tränen über die Wangen, während sie das Kind auf ihrem Schoß hielt. Er sah die Traurigkeit seiner Mutter und mit seinen zarten Händchen wischte er ihr die Tränen ab. Das war sein letzter Liebesdienst. Sein Köpfchen fiel vornüber, und dann hauchte das Kind sein Leben aus. Am 12. Januar 1869 ist unser Sohn um 11 Uhr in der Nacht verschieden. Die neue Welt Gottes, in die der Junge eingezogen war, umgab auch uns mit ihrem Frieden. Ich faltete Friedrich die lieben, kleinen Händchen, und meine Frau zog ihm das Sterbehemdchen an. Diesen Liebesdienst ließ sie sich von keinem nehmen. Mit der ganzen Hausgemeinde versammelten wir uns um das Totenbettchen und lasen Psalm 126:

„Wenn der Herr die Gefangenen Zions erlösen wird, so werden wir sein wie die Träumenden. Dann wird unser Mund voll Lachens und unsere Zunge voll Rühmens sein. Da wird man sagen unter den Heiden: Der Herr hat Großes an ihnen getan.

Der Herr hat Großes an uns getan; des sind wir fröhlich.“

So erfuhren wir die Tröstung von Gott, und die Todesstunde verwandelte sich in eine Gnadenstunde, die von der tiefen Freude durchdrungen war: Wir haben einen Heiland, der uns den Weg zum Himmel bahnt.

Unser Gang zum Grab wurde uns erträglicher gemacht durch die Botschaft aus Offenbarung 7,15-17, die Pfarrer Stürmer vollmächtig verkündigte. Da lag unser Friedrich im offenen Sarg wie ein schlafendes Kind, von grünen Kränzen geschmückt, während wir auf die Worte hörten: „Darum sind sie vor dem Thron Gottes und dienen ihm Tag und Nacht in seinem Tempel; und der auf dem Thron sitzt, wird über ihnen wohnen. Sie werden nicht mehr hungern noch dürsten; es wird auch nicht auf sie fallen die Sonne noch irgendeine Hitze; denn das Lamm mitten auf dem Thron wird sie weiden und leiten zu den lebendigen Wasserbrunnen, und Gott wird abwischen alle Tränen von ihren Augen."

Mit Hiob lernten wir in sein Bekenntnis einzustimmen: „Der Herr hat's gegeben, der Herr hat's genommen, der Name des Herrn sei gelobt."

Auch Elisabeths Heimgang war vom Glanz Gottes umstrahlt. Nur fünf Jahre ist sie geworden. Sie war körperlich kräftig und bei bester Gesundheit gewesen. Ihre Seele und Gemüt waren zart empfindend gewesen. Sie war uns immer ein folgsamer, lieber, kleiner Schatz. Wie gerne schaute sie Mutters fleißigen Händen zu und versuchte, ihr bei der Arbeit beizustehen. Unermüdlich war sie beschäftigt und überlegte, wo sie helfen könnte. Sie hatte ein so freundliches, liebes Wesen und war immer zufrieden. Über ihre Lippen kam kaum einmal ein Klageton.

Quälte sie der Husten gar zu arg, dann redete sie sich selbst Mut zu: „So, so, nun ist's gut!" Ihr Stimmchen wurde mit jedem Tag leiser. Zuletzt lispelte sie nur noch. Aber dies tat sie mit demselben freundlichen Gesicht. Fragte man sie: „Elisabeth, wie geht es dir?", dann lautete ihre Antwort immer gleich bleibend: „Gut!“ Als sie nicht mehr sprechen konnte, nickte sie nur noch mit ihrem Köpfchen.

In der Nacht vom 19. zum 20. Januar saß ich am Bettchen unseres lieben Ernst. Ich glaubte, seine letzte Stunde wäre gekommen, und so wollte ich mit meiner Frau bei ihm wachen. Ich ließ sie rufen. Aber es war Elisabeth, die aus einem leichten Schlummer auffuhr. Sie versuchte zu husten, aber dabei brach sie zusammen. Ihre hellen, leuchtenden Augen richtete sie noch himmelwärts, und der Kampf mit dem Tod begann. In diesem Zustand schlummerte sie manchmal kurz ein. Aber dann wandte sie ihre Augen wieder nach oben. Unserer Welt war sie schon fremd. Ich hielt sie auf meinem Schoß, und gegen fünf Uhr morgens hauchte sie ihre letzten Atemzüge aus.

An ihrem Totenbettchen lasen wir das Evangelium vom Jubilatesonntag, wo es am Schluss heißt: „Und ihr habt nun Traurigkeit; aber ich will euch wiedersehen, und euer Herz soll sich freuen, und eure Freude soll niemand von euch nehmen. Und an dem Tage werdet ihr mich nichts mehr fragen.“ (Johannes 16,22-23)

Da lag unsere geliebte Tochter, schöner denn je und von allen Leiden erlöst, vor uns.

Dies war nun unser zweiter Weg zum Friedhof in kürzester Zeit. Gottes Worte trösteten uns am Sarg: „Der Herr ist mein Hirte, mir wird nichts mangeln.“ (Psalm 23,1)

„Ich bin der gute Hirte und kenne die Meinen, und bin bekannt den Meinen.“ (Johannes 10,14)

Am Grab hörten wir dann das Mut machende Wort aus 1. Korinther 10,13: „Aber Gott ist treu, der euch nicht lässt versuchen über euer Vermögen, sondern macht, dass die Versuchung so ein Ende gewinne, dass ihr's könnt ertragen." O ja, es ist ein treuer Gott, dessen Verheißung nicht Ja und Nein, sondern lauter Ja und Amen sind.

Es war für uns sehr hilfreich, dass wir einen tüchtigen, gewissenhaften und sehr treuen Arzt hatten. Dr. K. wollte uns immer die Wahrheit sagen. Und so verheimlichte er uns auch nicht die Todesgefahr, in der unsere Kinder schwebten. Ernst hatte er besonders in sein Herz geschlossen und oft unterhielt er sich mit ihm. Seine kindlichen Reden gefielen dem Arzt. Nun kam er zu uns aus der Krankenstube, in der Ernst lag, und erzählte uns: „Ernst hat mir erklärt: ‚Lieber Onkel Doktor, du kannst mir mit deiner Medizin doch nicht helfen. Heilen kann mich nur der liebe Gott.'" Der Arzt war über die Sicht des Kindes sehr bewegt und hat auch an anderen Krankenbetten von dem starken Gottvertrauen des Kindes erzählt. Für mich war das schon ein Wunder; denn der Arzt war Gott gegenüber recht verschlossen und baute auf sein großes Können und auf seine Tüchtigkeit. Hier hatte ihm aber ein Kind eine ganz neue Perspektive aufgezeigt und den Doktor darüber zum Nachdenken gebracht, wer denn der eigentlich Heilende sei. Als ich den Arzt zu Elisabeths Leichnam führte, hatte er Tränen in den Augen und war daran interessiert, was denn Ernst noch über den Tod und das ewige Leben gesagt habe. Dies war sein letzter Besuch in unserem Haus. Am nächsten Tag, als ihn der Kutscher von seiner Wohnung zu einem anderen Krankenbesuch fuhr, hörte er plötzlich ein lautes Klirren hinter sich. Der Arzt hatte einen Schlaganfall erlitten und war mit dem Kopf gegen die Scheibe geflogen, als er versucht hatte, das Fenster der Kutsche zu öffnen. Dann war er tot. Natürlich habe ich mich gefragt, ob das Zeugnis unserer todkranken Kinder dem Arzt geholfen habe, ein Stück Glanz der Ewigkeit in seinem Leben aufleuchten zu lassen.

Eine besondere Freude fand unser Ernstchen immer an der Morgenröte, die er aus seinem Bett beobachten konnte. Dann hat er sich in seinem Kissen aufgerichtet und ihren herrlichen Glanz bewundert. Bis zuletzt war unser Bübchen hellwach und hat mir viele Fragen gestellt. Freude überflutete sein blasses, zartes Gesichtchen, wenn nach einer Nacht voller Schmerzen die Morgensonne am Himmel aufstrahlte. Da begriff ich ganz neu den Sinn des Liedes, das wir in unserer Familie sehr häufig gesungen haben:

„Morgenglanz der Ewigkeit,
Licht vom unerschöpften Lichte,
schick uns diese Morgenzeit
deine Strahlen zu Gesichte
und vertreib durch deine Macht
unsere Nacht.

Ach, du Aufgang aus der Höh,
gib, dass auch am jüngsten Tage
unser Leib verklärt ersteh
und, entfernt von aller Plage,
sich auf jener Freudenbahn
freuen kann!

Leucht uns selbst in jene Welt,
du verklärte Gnadensonne;
führ uns durch das Tränenfeld
in das Land der süßen Wonne,
da die Lust, die uns erhöht,
nie vergeht.“

Unterschiedlich war die Haltung unserer Kinder in ihrer bedrohlichen Situation. Der kleine Friedemann, der im Krieg geboren war, hat schon immer die Nähe und den Trost der Mutter am meisten gebraucht. Wie sehr klammerte er sich an ihre Arme und beteuerte immer wieder: „Bei Mama bleiben."

Elisabeth wusste um den schrecklichen Tod, freute sich aber auch über den Eingang in Gottes neue Welt. Aber alle sollten mit ihr in den Himmel kommen: Papa, Mama, die Geschwister und noch all ihre Freundinnen.

Ernst war es klar, dass jetzt seine Stunde gekommen sei, mit seinem Leben abzuschließen und ein neues, ewiges Leben zu beginnen. Er war ein so munteres, dem Leben zugewandtes Kind, das viele Interessen besaß. Mit inniger Liebe hing er an uns. Aber er war auch bereit, zu sterben. Einmal erzählte ich ihm die Geschichte aus der Bibel, wie Jesus in Gethsemane rang, als ihm sein Todesweg klar vor Augen stand. Dreimal hat da der Herr betont: „Aber nicht wie ich will, sondern wie du willst." Ernst überließ es Gott und sagte wie schon Luthers Töchterchen Magdalene: „Wie der liebe Gott will." Er war bereit, von dieser Welt Abschied zu nehmen, wenn Gottes Ruf ihn traf. Mit Paulus lernte er sagen: „Ich habe Lust, abzuscheiden und bei Christus zu sein, welches mir auch viel besser wäre." So ließ er auch sein Brüderchen los und sagte noch am Abend vor dessen Tod: „Wenn Friedemann diese Nacht stirbt, werde ich doch nicht traurig sein; denn er hat es ja dann viel besser."

Einmal nahm ich unsere schwer kranke Elisabeth auf den Arm und setzte mich auf das Bettchen von Ernst. Es war dem Kind schon anzusehen, dass es nicht mehr lange leben würde. Er aber schaute in das schon verklärte Gesichtchen seiner Schwester und empfand keine Traurigkeit. Als er aber die Tränen in den Augen seiner Mutter sah, musste er auch weinen. Das ging ihm ans Herz. Doch dann richtete er sich auf und sagte: „Mama, warum weinst du? Du weißt ja doch, dass es Elisabeth bald viel besser haben wird."

Er und Elisabeth wollten so gern noch einmal ihr kleines, totes Brüderchen sehen. So brachten wir den offenen Sarg an ihre Bettchen. Die Kinder richteten sich noch einmal mühsam auf, sahen still auf das bleiche Gesichtchen und sagten dann nur: „Adieu, Friedemännchen!" Der Tod ihres Bruders hatte sie nicht erschüttert. Sie wussten ihn gerade im Tode in Gottes Hand.

Das Heimweh, zu Gott zu kommen, wurde bei Ernst immer größer, als Elisabeth gestorben war. Als dann noch Karl schwer erkrankte, rief er: „Papa, ich will auch zu Friedemännchen und Elisabeth." Vierzehn Tage lang hat Karlchen gegen die Krankheit ankämpfen müssen, und er hat das in großer Tapferkeit und ohne einen Klageton von sich zu geben getan. Aber dann hat er doch verloren und ist wie die anderen Geschwister still heimgegangen. Ich aber musste an die Geschichte aus dem Alten Testament denken, wo Elieser ausruft: „Haltet mich nicht auf, denn der Herr hat Gnade zu meiner Reise gegeben."

Es war bei uns üblich, dass die Kinder jede Woche einen Spruch auswendig lernten. In der Woche vor Weihnachten war Psalm 103,1-3 an der Reihe: „Lobe den Herrn, meine Seele, und was in mir ist, seinen heiligen Namen! Lobe den Herrn, meine Seele, und vergiss nicht, was er dir Gutes getan hat: der dir alle deine Sünden vergibt und heilet alle deine Gebrechen."

Meine Frau erläuterte unserem Sohn die Bedeutung dieser Verse und fragte ihn: „Was hat der Herr dir Gutes getan?“ Da antwortete er, ohne sich lange besinnen zu müssen: „Dass er für mich gestorben ist und mir alle meine Sünden vergibt.“

Sein liebstes Gebet gerade in seinen letzten Tagen hieß:

„Christi Blut und Gerechtigkeit,
das ist mein Schmuck und Ehrenkleid.
Damit will ich vor Gott bestehen,
wenn ich zum Himmel werd eingehen.“

Noch acht Tage vor seinem Heimgang betete er seinen Lieblingspsalm: „Der Herr ist mein Hirte.“ Unter großer Anstrengung betete er jeden Vers bis zu Ende. Dann aber kamen nur noch Sterbeseufzer über seine Lippen.

Einen besonderen Wunsch äußerte das Kind noch. Auf dem Hügel hinter der Kirche sollte das Pfarrhaus neu errichtet werden. Dazu war schon ein Brunnen gegraben worden. In gesunden Tagen hat er den Männern gerne bei ihrer Arbeit zugeschaut. Nun hatte Ernst den sehnlichsten Wunsch, einen Schluck Wasser aus dem neuen Brunnen trinken zu dürfen. Es war wirklich ein köstliches, frisches Wasser, und das Kind freute sich darüber. Da wurde es mir leicht, ihm vom lauteren, lebendigen Quell zu erzählen, der klar wie Kristall im neuen Jerusalem unter Gottes Thron hervorquillt. Noch einmal leuchteten seine matten Augen auf, und er freute sich auf den Augenblick, da er mit seinen Geschwistern am kristallenen Strom unter den Augen des Guten Hirten spielen dürfe.

Diese ersehnte Stunde kam für unseren Ernst. Die

letzten drei Tage war das Kind schmerzfrei. Er schlief die meiste Zeit vor großer Erschöpfung. Nur einmal faltete er am letzten Tag seine Händchen und betete: „Ach, lieber Gott, hilf mir doch!" Von seiner Großmutter hatte er zu Weihnachten ein Bettchen geschenkt bekommen, das aber erst jetzt eingetroffen war. Ich trug ihn noch einmal in das neue Bett hinüber, auf das er so sehnlichst gewartet hatte. Aber auch das neue Bett konnte ihm nicht die Ruhe geben, nach der er sich so sehnte. Dann kam für unseren Sohn die glückliche Stunde, dass er von seinem Leiden erlöst und in die Arme des Guten Hirten gebettet wurde. Wir Eltern knieten noch einmal am Bettchen nieder und befahlen unseren Sohn der Gnade Gottes an. Als das Kind uns ängstlich anblickte, sprach ich ihm den Trost zu: „Fürchte dich nicht, mein Sohn, der Herr hat dich erlöst. Er hat dich bei deinem Namen gerufen, du bist sein." Daraufhin schlief das Kind leise ein. Ich aber ging hinunter zum Teich, um frische Eisstückchen zur Kühlung des Trinkwassers zu holen. In dieser Zeit war Mutter bei ihm. Es war fast wie bei Elisabeths Sterben. Ernst schreckte aus dem Schlaf auf und konnte nicht mehr aushusten. Als ich wieder im Zimmer war, erkannte er mich nicht mehr. Seine Augen leuchteten auf und waren ganz auf Gottes neue Welt gerichtet. Obwohl sein Gesichtchen blass und abgemagert aussah, umgab Gott unser Kind mit seinem Glanz. Für unseren Sohn war die Stunde gekommen, von der Paul Gerhardt singt:

„Ach, sollt ich doch von ferne stehen
und nur ein wenig hören,
wenn deine Sinne sich erhöhn
und Gottes Namen ehren,

der heilig, heilig, heilig ist,
durch den auch du geheiligt bist.
Ich weiß, ich werde müssen
vor Freuden Tränen gießen."

Ja, es war uns zumute, als sähe unser Junge schon die herrliche Gottesstadt und hörte die neuen, jubelnden Klänge. Mutter und ich legten abwechselnd unseren Kopf auf das Kissen des sterbenden Kindes, und einer unserer Hausgenossen las uns mit kurzen Unterbrechungen die schönsten Lieder aus dem Gesangbuch und Trostworte aus der Bibel vor: Römer 8; Johannes 17; 2. Korinther 4,17-6,10.

Es war der Zuspruch des teuren Gotteswortes, das uns nicht verzweifeln ließ. Gerade in dem Augenblick, als unser Freund die Stelle aus der Offenbarung des Johannes las: „Sie wird nicht mehr hungern und dürsten", da wurde das Leben von unserem lieben Ernst vollendet, und wir durften dem letzten geliebten Kind, das uns noch verblieben war, die Äuglein zudrücken. Es war am 25. Januar um 11 Uhr nachts.

Drei Tage danach standen zwei Kindersärge an der Stelle, wo die ersten beiden gestanden hatten, über und über mit Kränzen bedeckt. Es wurde das Lied angestimmt:

„Jerusalem, du hoch gebaute Stadt,
wollt Gott, ich wär in dir!
Mein sehnlich Herz so groß Verlangen hat
und ist nicht mehr bei mir.
Weit über Berg und Tale,
weit über flaches Feld
schwingt es sich über alle
und eilt aus dieser Welt.

O schöner Tag und noch viel schönere Stund,
wann wirst du kommen schier?
Da ich mit Lust, mit freiem Freudenmund
die Seele geb von mir
in Gottes treue Hände
zum auserwählten Pfand,
dass sie mit Heil anlände
in jenem Vaterland."

Das Wort für die Trauerrede lautete: „Selig sind, die nicht schauen und doch glauben." (Johannes 20,29)

Dieses Wort mussten wir kräftig festhalten, als wir den Särgen unserer beiden letzten Kinder folgten. Da liegt nun unsere liebe, kleine Schar auf dem Friedhof dicht nebeneinander und sieht dem großen Tag der Auferstehung entgegen: Ernst, Elisabeth, Karl und Friedrich. Eine Reihe von Gottesworten gaben uns Kraft, die Beerdigung durchzustehen. Wir kehrten dann in unser Haus zurück, aber es war leer, ohne frohes Toben und ohne lachenden Kindermund.

So weit berichtete Pastor Bodelschwingh selber über den Tod seiner vier Kinder. Für die Mutter blieb der Schmerz. Oft ging sie zum Friedhof und ließ ihren Tränen freien Lauf. Vor lauter Gram verlor sie nach und nach ihre wunderschönen Haare und musste zeit ihres Lebens eine Haube tragen. Eines Tages sah man, wie Pastor Bodelschwingh mit ein paar Brettern und vier Pfählen zum Friedhof ging. Er zimmerte für seine Frau und sich eine kleine Bank. Dort wollten sie sitzen und darüber nachdenken, was Gott ihnen durch das Sterben ihrer Kinder zu sagen hatte. Die Tiefe dieses schweren Leids ließen sie neue Blicke in die Geheimnisse Gottes tun. Bodelschwingh sagte später einem trauernden Vater: „Damals, als unsere vier Kinder gestorben waren, merkte ich erst, wie hart Gott gegen Menschen sein kann, und darüber bin ich barmherzig geworden gegenüber anderen."

Beide Eltern empfanden den Verlust ihrer Lieben nicht nur als Heimsuchung, sondern als ein Gericht Gottes und beugten sich in großer Demut unter seine gewaltige Hand. Sie lernten zu begreifen: „Wenn du mich demütigst, machst du mich groß." (Psalm 18,36)

Später wurden ihnen dann noch einmal vier Kinder geschenkt.

Der letzte dieser vier war Fritz von Bodelschwingh, von dem der folgende Ausspruch stammt:

„Nach Hause kommen, das ist es, was das Kind von Bethlehem allen schenken kann, die weinen, wachen und wandern auf Erden."

Die letzte Predigt Fritz von Bodelschwinghs

Unvergesslich bleibt die letzte Weihnachtspredigt, die Pastor Fritz von Bodelschwingh, der Sohn des Gründers der Bethelschen Anstalten, 1945 gehalten hat. „Wer sie miterlebt hat, wird mir zustimmen", schreibt Wilhelm Brandt in seiner Biografie „Nachfolger und Gestalter" über diesen herausragenden Menschen, der von Liebe geprägt war. Jedes Jahr war es die Aufgabe des Direktors von Bethel, an Weihnachten zu predigen. Seine Worte hatten einen frohen Klang, und er sprach so einfach und anschaulich, dass auch der schwächste Kranke sie verstehen konnte. Aber wer mit Bodelschwingh näher bekannt war, merkte doch, wie krank der Pastor schon war. Allerdings hielt er in seiner Ansprache durch. Seine eindrücklichen Worte lassen sich nur bewegten Herzens wiedergeben. Er sprach vollmächtig wie das „Rauschen des wilden Meeres":

„Zehntausende sind in dieser Christnacht am Wandern und wissen nicht, wohin. Sie frieren, sie hungern, sie sterben an den Rändern der Straßen und an den Bahnsteigen der Eisenbahnen! Heute schrieb mir noch eine arme Frau: ‚Für uns ist Weihnachten voller Qual und zerreibender Bitterkeit' ... Gerade diesen Weihnachtsgästen gilt die Einladung: Wo kommt ihr her, ihr Weihnachtsgäste? Und sie sagen: Wir kommen aus dem Lande der tausend Traurigkeiten. – Aber wenn das so ist, dann lade ich euch ein, erst recht der Wanderschaft zu folgen, die die Hirten angetreten haben, hin zur Krippe. Das Kind der

Ewigkeiten ist gekommen, dessen Ausgang von Anfang und von Ewigkeit her gewesen ist. Gerade diesen Traurigen gilt das Evangelium: Er nimmt uns an der Hand und sagt: Komm, Kind, komm, sei still! Du brauchst mir nicht viel zu erzählen, ich weiß schon alles. Ich lege meine Hände auf dein Herz, da wird es still. Ich schaue dir in deine Augen hinein, dann werden sie hell. Christus, der Herr in der Stadt Davids, der Herr auch hier in Bethel, der Herr in der großen Welt der Traurigkeiten, er will uns alle trösten!"

Und dann sang die Gemeinde dieses wunderbare Lied, dessen erste Strophe lautet:

„Aus tausend Traurigkeiten
zur Krippe gehn wir still,
das Kind der Ewigkeiten
uns alle trösten will."

Das war Pastor Bodelschwinghs Gewissheit: Die Welt, in der wir leben, stellt uns vor viele Rätsel. Wir können sie nicht lösen. Aber in alles Dunkle und Geheimnisvolle ragt die Gotteswelt als unbegreifliche Liebe und Barmherzigkeit hinein. Glauben heißt, sie als Wirklichkeit nehmen, auch wenn der Augenschein tausendmal dagegen spricht.

Das war sein letzter Verkündigungsauftrag.

Gott holte dann am 4. Januar 1946 seinen treuen Diener in die Herrlichkeit heim.

Ihm fehlten unsere Herzen

Die Kinder hatten sich vor der Halle versammelt. Ihre Augen glühten vor Freude und Anspannung, was sie nun erwarten würde. Schwester Elisabeth stimmte das alte Weihnachtslied an, und alle fielen lautstark ein:

„Ihr Kinderlein, kommet,
o kommet doch all.
Zur Krippe her kommet
in Bethlehems Stall
und seht, was in dieser hochheiligen Nacht
der Vater im Himmel für Freude uns bracht.“

Singend zogen sie in den Weihnachtssaal ein, vorneweg die Kleinsten und dann die Größeren. Einer half dem andern, denn fast alle waren behindert. Einige saßen sogar in Rollstühlen und mussten geschoben werden. Auch wenn jeder dieser singenden Schar das Elend ansehen konnte – sie gehörte zur Betheler Anstalt –, waren ihre Augen doch strahlend vor Freude. Es war Weihnachten, und bald würde beschert. Als sie alle den Raum betreten hatten, setzten sie sich um den Christbaum herum auf ihre Stühle. Sie sangen voller Jubel:

„Macht hoch die Tür, die Tor macht weit!
Es kommt der Herr der Herrlichkeit,
ein König aller Königreich,
ein Heiland aller Welt zugleich,
der Heil und Leben mit sich bringt;
derhalben jauchzt, mit Freuden singt:
Gelobet sei mein Gott, mein Schöpfer reich von Rat!“

Warum hatte das Lied nur so viele Strophen? Die Spannung war nun fast nicht mehr auszuhalten. Das Leben dieser Kinder war von so viel Düsternis, Traurigkeit und Schmerzen überschattet. Würde Jesus, der Herr der Herrlichkeit, sich auch dieser Ärmsten annehmen und ihnen Freude und Trost bringen? Christus, der Gottessohn, ist doch auch für sie Kind in der Krippe geworden, hat Armut, Abweisung und Demütigung erfahren und ist ganz Mensch geworden.

Jedes dieser Kleinen hatte einen Spruch gelernt, und es war schon erstaunlich, was sie unter der Anleitung von Schwester Elisabeth, die von allen sehr geliebt wurde, zu Wege brachten. Ein kleiner geistig behinderter Bub wollte unbedingt mehr über seinen Bibelvers wissen. Die Kinder versuchten, ihm eine Antwort zu geben. Schließlich stellte Schwester Elisabeth eine Gegenfrage: „Warum blieb denn der Heiland nicht im Himmel? Hat er dort oben irgendetwas vermisst oder entbehrt?"

Zunächst herrschte langes Schweigen. Die Erwachsenen mussten schon mitdenken und überlegen. Ist es denn gerechtfertigt, eine solche Frage überhaupt zu stellen? Ist im Himmel nicht alles vollkommen und schön? Dort gibt es doch keine Behinderung, keine Schwäche, kein Elend, keine Schmerzen und keine Anfälle. Unter Letzterem litten diese Kinder besonders schwer, und jeder epileptische Anfall kam einem abgekürzten Sterben gleich, das mit aller Härte und großem Schrecken über die Kinder hereinbrach.

Auch als ein langes Schweigen folgte, hielt Schwester Elisabeth an ihrer Frage fest. Aber eines ihrer Kinder hatte anscheinend doch eine Antwort gefunden. Es war ganz aufgeregt und legte los: „Ihm fehlten unsere Herzen."

Die Mitarbeiter und auch der Pfarrer dachten über diesen Satz nach. Hier war es bei dem schwer kranken Kind wirklich Weihnachten geworden. Jesus Christus selbst ist in sein Herz eingezogen, und der Liedvers bewahrheitete sich:

„Er ist auf Erden kommen arm,
dass er unser sich erbarm
und in dem Himmel mache reich
und seinen lieben Engeln gleich."

Ja, unserem Heiland und Erlöser fehlten die Herzen der behinderten, schwachen, kranken Kinder, und deshalb ist er selber arm geworden und in ihr Leben getreten, um sie reich und glücklich zu machen. An ihren Herzen wollte er seine ganze Strahlkraft der Liebe deutlich machen und ihnen Trost und Hoffnung schenken.

Und ist es bei uns Gesunden, Erwachsenen nicht ebenso? Brauchen wir Jesus nicht auch in unserem Innersten? Ja, der Herr klopft an unsere Herzen und will darin wohnen. Wir dürfen in seine Nähe treten mit der Bitte:

„Ach, mache du mich Armen
zu dieser heilgen Zeit
aus Güte und Erbarmen,
Herr Jesu, selbst bereit!
Zieh in mein Herz hinein
vom Stall und von der Krippen,
so werden Herz und Lippen
dir allzeit dankbar sein."

Und dann folgte die Bescherung für die Kinder. Ach, wie konnten sich gerade die Betheler Kinder freuen!

Reich wurden sie beschenkt, weil viele Freunde der Anstalt ihre Weihnachtspäckchen für die Kleinen geschickt hatten: ein Auto, ein Püppchen, ein kleines Äffchen, eine Wiege, einen Ball, ein Pferdchen und vieles mehr, dazu noch herrliche Süßigkeiten: Marzipan, Schokolade und Plätzchen. Das Leuchten in den Augen der Kinder wurde zum Symbol göttlicher Weihnachtsfreude.

Einem Bericht von Pastor Jasper aus Bethel nacherzählt.

Weihnachten schon im Himmel

Es war nur wenige Tage vor Heiligabend, da brachte uns der Briefträger einen schwarz umrandeten Umschlag. Das ist Post, vor der ich meist erschrecke. Und ich war erschrocken. Mit dem Tode von Herrn Neumann hatte ich nicht gerechnet. Ein halbes Jahr zuvor war ich diesem alten Herrn begegnet. Auf der Insel Rügen im schönen Freizeitheim Seeadler hatten wir uns getroffen. Nie hätte ich gedacht, dass dieser Tagungsteilnehmer – vital und rüstig wie er war – schon 90 Jahre alt sei. Sein Gang war aufrecht, sein Gesicht frisch ohne eine Falte und sein Lachen herzhaft. Er konnte lebendig erzählen und beteiligte sich rege bei den Bibelarbeiten, dass ihm wohl keiner das hohe Lebensalter angesehen hätte.

Sein Schicksal war so bewegend, dass ich ihn an einem Nachmittag bat: „Herr Neumann, erzählen Sie mir aus Ihrem Leben. Ich könnte eine Kurzbiografie von Ihnen in meinem neuen Buch herausbringen."

Er folgte meiner Bitte, und schon am nächsten Tag setzten wir uns für vier Stunden zusammen. Er erzählte lebendig, fast ohne Stocken, und vor mir entstand ein Leben, das reich, fast abenteuerlich und voller Gotterleben war. Dieser alt gewordene, reife Christ wirkte glücklich und ausgesöhnt mit allem, was auch sein Dasein manchmal unerträglich gemacht hatte. Er wusste um seinen treuen Gott und war in ihm geborgen. Mit 90 Jahren war Herr Neumann der älteste Posaunenspieler Deutschlands. Wenn er mir von den großen Posaunenfesten berichtete, dann leuchteten seine Augen. Zum Schluss äußerte er noch einen Wunsch, bevor ich meinen Schreibblock zuklappte: „Im nächsten Jahr findet wieder ein bundesweites Posaunenfest in Dresden statt. Da werde ich auf alle Fälle dabei sein“, betonte er, „entweder auf Erden oder schon im Himmel.“ Letzteres ist wahr geworden. Gott hat ihn kurz vor Weihnachten in seine neue Welt abberufen.

Die Todesanzeige wurde mir von seiner Tochter zugeschickt. Herr Neumann lebte glücklich und zufrieden in seiner Familie und hat mir viel von ihr berichtet. So empfand ich ein wenig die Trauer mit, wenn sie nun Weihnachten ohne ihren Vater und Großvater würden feiern müssen. Deshalb wollte ich den Angehörigen mein Beileid aussprechen und ihnen eine Freude machen. Den Bericht des alten Vaters, den ich schon in den Computer geschrieben hatte, druckte ich aus und schickte ihn nach Wolgast. Einige Tage danach rief mich die Tochter von Herrn Neumann an: „Frau Bormuth, Sie ahnen gar nicht, welch eine Freude Sie unserer Familie mit Ihrem Beitrag über unseren Vater und Großvater gemacht haben. Noch einmal glitt sein Leben an uns vorüber. Wir erfuhren Begebenheiten aus seinem reichen Dasein, die uns noch völlig neu waren. Schön war es auch für uns, in den Erinnerungen früherer Zeiten zu schwelgen. Wir hatten einen wunderbaren Vater. In großer Dankbarkeit haben wir von ihm Abschied genommen. Er war uns im Glauben an Christus ein Vorbild, und wir werden ihn sehr vermissen. Ihnen danken wir sehr herzlich für die Arbeit, die Sie mit der Kurzbiografie unseres geliebten Vaters geleistet haben. Gott segne Sie. Wir wünschen Ihnen ein frohes Christfest.“

Vielleicht sind Sie, liebe Leser, neugierig auf diesen wunderbaren Menschen Helmut Neumann geworden. Ich will Sie mitnehmen in sein Leben mit seinen Freuden und seinen Leiden, mit seiner Hoffnung und seinen Anfechtungen.

Posaune spielen ist mein Leben

Helmut Neumann erzählt:

Es war der 4. März 1953. Stalin war gestorben, und die Nachricht von seinem Tode breitete sich durch Rundfunk und Presse über die ganze Welt aus. Von der Regierung der DDR wurde Staatstrauer angeordnet. An den öffentlichen Gebäuden wehten die Flaggen auf Halbmast.

Wie ich es immer gewohnt war, ging ich am Abend dieses Tages zur Übungsstunde des Posaunenchores. Ich war selber der Dirigent. Während wir beim Üben waren, kam die Polizei zur Tür herein. Doch wir ließen uns nicht stören und spielten unser Lied zu Ende. Dann trat ein Polizist an mich heran: „Haben Sie nicht gehört oder gelesen, dass in diesen Tagen aus Anlass des Todes von Joseph Stalin, des großen Führers der Sowjetunion und Freundes der DDR, jegliche Musik verboten ist?"

„Nein", war meine Antwort.

„Hören Sie denn kein Radio?"

„Nein, ich besitze kein Radio."

„Haben Sie dieses Verbot nicht an den Litfasssäulen gelesen?"

„Nein, ich bin an keiner Litfasssäule vorbeigekommen."

Daraufhin beendete der Polizist seine Befragung, und wir mussten alle zur Polizei mitkommen. Jeder Bläser wurde einzeln vernommen, während die anderen des Chores auf dem Gang standen und auf ihr Verhör warteten. Keiner durfte ein Wort reden. Wir wurden wie Verbrecher streng bewacht. Stundenlang dauerten die Vernehmungen. Schließlich telefonierte der Beamte mit den Behörden in Berlin, was denn nun mit uns geschehen solle.

Wir kamen noch einmal glimpflich davon und wurden nur ermahnt. Von einer Bestrafung wurde abgesehen. Nur unsere Instrumente wurden auf dem Revier in Gewahrsam genommen, bis die Tage der Staatstrauer vorüber waren.

Natürlich hatte es sich im Ort herumgesprochen, dass der gesamte Posaunenchor verhaftet und mit der grünen Minna abtransportiert worden war. Es herrschte große Aufregung im Dorf, und die Mitglieder der Gemeinde trafen sich in ihren Häusern, um für uns zu beten. Unsere Familien waren natürlich froh, als wir so gegen zwei Uhr in der Nacht wieder vor der Haustür standen.

Wie war es zu dieser Verhaftung gekommen? Im oberen Stockwerk unseres Gemeinschaftshauses wohnte eine Familie, die uns Frommen nicht sehr gewogen war. Sie hatte es an die Behörde weitergemeldet und es auch sonst verbreitet, dass die Posaunen an dem Tag, als man Stalins Tod gedachte, das Lied gespielt hätten: „Nun danket alle Gott mit Herzen, Mund und Händen."

Manch einer hat später hinter vorgehaltener Hand erzählt, dass er gerne in diesen Choral mit eingestimmt hätte.

Aber nun will ich vom Anfang meines Lebens berichten. Geboren wurde ich im Jahre 1912, also zwei Jahre vor Ausbruch des schrecklichen Ersten Weltkrieges. Meine Eltern waren treue Kirchgänger und hielten uns an, den Gottesdienst zu besuchen. Wir fünf Kinder gingen gern zur Sonntagschule und fanden alle zum Glauben an Christus.

Maßgeblich an unserer Hinwendung zu Christus war eine Bäuerin aus unserem Ort beteiligt. Sie hatte ein besonderes Herz für Kinder. Wenn sie die biblischen Geschichten erzählte, dann war uns zumute, als wären wir mittendrin in diesen Geschehnissen. Ich zitterte, wenn sie von Abraham berichtete, wie er traurig den Weg nach Moria ging. Frühmorgens war er aufgebrochen, um auf einen Berg zu steigen. Seinem Esel hatte er das Zaumzeug angelegt, und zwei seiner Knechte mussten ihn begleiten. Gott hatte Abraham befohlen, seinen einzigen Sohn, den er lieb hatte, zu opfern. Schweren Herzens hatte Abraham alles zum Brandopfer vorbereitet. Das Holz war gespalten und auf den Rücken des Esels gepackt worden. Isaak, dieser so lang erwartete Sohn, war früh am Morgen geweckt worden, und nun gingen Vater und Sohn bergan. Drei Tage dauerte die Reise. Abraham brach fast das Herz, wenn er daran dachte, dass Isaak geopfert werden sollte. Dann erblickte er in der Ferne die Opferstätte. Seine beiden Knechte ließ er zurück und schritt allein mit seinem Sohn an der Hand den Berg hinauf. Noch nicht einmal den Esel nahm er mit, sondern ließ ihn zurück. Das Holz legte er auf die Schultern seines Jungen, aber das Feuer und das Messer behielt der Vater selbst in seiner Hand. Mühsam stiegen sie hinauf. Schließlich hielt der Knabe das Schweigen nicht mehr aus. „Vater, du hast Feuer und Holz zum Brandopfer, aber wo ist das Schaf?“ Wie ein Stich durchs Herz traf Abraham diese Frage. Was sollte er seinem Sohn antworten? Ausweichend und doch treffend sagte er: „Gott wird sich schon ein Opferlamm aussuchen.“ Und weiter gingen die beiden nebeneinander her.

Als sie das Ziel ihres Weges erreicht hatten, baute Abraham einen Altar. Gerade als er seinen Sohn opfern wollte, trat ein Engel zu ihnen und rief den Vater bei seinem Namen: „Abraham, Abraham, leg deine Hand nicht an den Knaben!“

Die große Anfechtung des Vaters hatte sich zum Guten gewendet. Abraham hatte sein Vertrauen und seinen Gehorsam Gott gegenüber bewiesen. Der schwere Stein, der auf seiner Seele lag, fiel von ihm ab. Befreit atmete er auf und nannte fortan den Ort: „Der Herr sieht“. Geopfert wurde anstelle des Sohnes ein Bock, der aus dem Gebüsch gesprungen war.

Nie mehr habe ich diese biblische Geschichte vergessen.

Die Bäuerin hat auch oft mit uns Kindern geistliche Lieder eingeübt.

Früher war es üblich, dass die christlichen Gemeinden in den Sommermonaten Zeltmissionen durchführten. Die Menschen sollten aufgerufen werden, in die Nachfolge Christi zu treten. Oft stand das Zelt 14 Tage auf einer Wiese oder auf dem Dorfplatz. Durch die Verkündigung eines Evangelisten erlebte ich den Durchbruch zum Glauben an Christus. Das Wunder geschah, dass auch alle meine Geschwister den Weg mit Jesus gingen. Zuletzt übereigneten auch meine Eltern ihr Leben diesem wunderbaren Herrn und Erlöser.

Für uns als christliche Familie war es wichtig, dass wir in unserem Glauben an Jesus gefördert wurden. So ging ich gerne mit meinen Geschwistern zur Jugendstunde des EC (Entschieden für Christus). Eine Diakonisse aus dem Mutterhaus in Vandsburg in Westpreußen und Bruder Wolf, ein Prediger, hatten ein Herz für uns junge Leute. Sie führten uns in den Reichtum des Wortes Gottes ein.

Mir war es wichtig, vor meinem Herrn ein geheiligtes Leben zu führen. Der Geist Gottes deckte mir meine Schuld auf. Einmal hatte ich als Schüler in den Ferien Kühe hüten müssen. Es war schwierig, eine solch große Herde sicher am Abend in den Stall zu treiben. In der Nähe der Gehöfte hatten die Landwirte ihre Mieten angelegt, in denen Kartoffeln für den Winter gelagert wurden. Ich war nicht ganz bei der Sache und merkte zu spät, wie meine Kühe über die Mieten geraten waren und sie zerstört hatten. Schnell machte ich mich mit meinen Rindviechern aus dem Staube. Als der Bauer mich zur Rede stellte, leugnete ich, dass meine Kühe dieses Unheil angerichtet hatten. Aber unter dem Wort Gottes wurde mir meine Lüge bewusst. Ich musste zum Bauern gehen und ihm meine Unwahrheit beichten, sonst hätte ich keine innere Ruhe mehr gehabt. Der Bauer war über mein Schuldeingeständnis erstaunt. „Junge, das ist jetzt alles in Ordnung“, klopfte er mir auf die Schulter. „Aus dir wird etwas Rechtes werden. Du bist ein ehrlicher Kerl.“ Frohen Herzens zog ich von dannen, denn meine Lüge war mir verziehen.

Mit 14 Jahren begann ich mit dem Posaunenspiel. Ich kann heute nicht mehr sagen, bei wie vielen Evangelisationen wir musiziert haben. Welch eine Freude erlebte ich, wenn wir durch unsere Lieder Menschen unter das Wort Gottes locken konnten. Es war eine Zeit inneren Aufbruchs zu Gott, und besonders den Diakonissen von Vandsburg war es ein Anliegen, dass Menschen zu Jesus fanden.

Wer waren eigentlich diese frommen Schwestern von Vandsburg? Bis heute stehen sie im diakonischen Dienst für Gott und haben ein wunderschönes Mutterhaus nach den Kriegswirren in Lemförde am Dümmer neu aufgebaut. Um die Jahrhundertwende schenkte Gott in verschiedenen Teilen Deutschlands

Erweckungen. Auch in Ostpreußen und Westpreußen wehte ein neuer Geisteswind. Viele Menschen fanden zum Glauben an Jesus und fragten sich sogleich: Wie können wir Gott dienen? Im Jahr 1899 sammelte Pfarrer Blazejewski in seinem Pfarrhaus in Borken in Ostpreußen vier junge Frauen, die ganz bewusst ehelos bleiben und ihre ganze Kraft, Zeit und Liebe ihrem Herrn Christus zur Verfügung stellen wollten. Es meldeten sich immer mehr junge Frauen. Nach dem Tod von Pfarrer Blazejewsjki trat an seine Stelle Pfarrer Krawielitzki. Es war erstaunlich, wie schnell dieses junge Pflänzlein der Mutterhausdiakonie wuchs. Die Schwestern wurden zum Pflegedienst, zum Verkündigungsdienst, als Kindergärtnerinnen und auch in der Mission und noch in vielen anderern Bereichen eingesetzt. Sie dienten mit großem Eifer und in liebevoller Hingabe. So wuchs das Reich Gottes, und es war fast so wie in den Tagen, da Gott zu Pfingsten seinen Heiligen Geist auf die Menschen ausgoss und viele fragten: Was muss ich tun, dass ich selig werde?

Viele Freizeiten für Jugendliche und Glaubenszusammenkünfte fanden statt.

Wie oft fuhren wir zu den Konferenzen nach Vandsburg. Einmal wurde ich auch aufgefordert, vor einer großen Versammlung Zeugnis abzulegen, wie Jesus in mein Leben getreten war. Mein Herz zitterte, als ich ans Rednerpult trat und in die Zuhörermenge blickte. Aber ich war mutig und brachte meine Rede zu einem guten Ende. Es ist eine besondere Gnade, schon in jungen Jahren diesen Herrn Christus kennen lernen zu dürfen. So wollte ich ihm auch dienen und in der Blättermission mitwirken. Als Blättermissionar nahm ich meine Aufgabe sehr ernst. Bis zu zehn Kilometer im Umkreis fuhr ich mit dem

Fahrrad, um den Menschen die Frohe Botschaft ins Haus zu bringen. Das Verteilblatt trug den Titel „Wach auf". Auf der Vorderseite war eine Uhr zu sehen, deren Zeiger auf fünf Minuten vor zwölf standen.

Als ich die Schule beendet hatte, überlegte ich, welchen Beruf ich ergreifen könnte. Mein Vater war Tischlermeister und stellte vor allen Dingen Möbel, aber auch Fenster und Türen her. Starb ein Mensch im Ort, dann schreinerte er für den Verstorbenen den Sarg. Zur Aufgabe meiner Mutter gehörte es, die Särge mit einer weißen Leinwand, einem Totenkissen und einer Totendecke auszustatten. Sie hat dies immer mit viel Liebe getan, und wir Kinder haben dabei oft zugesehen. Aber der Tod machte mir auch viel Angst. Und so habe ich, wenn wieder ein neuer Sarg gerichtet wurde, oft ausgerufen: „Ich will nicht sterben, ich will nicht sterben." Gott muss wohl meinen Schreckensruf gehört und erhört haben, denn ich bin schon über 90 Jahre alt und gesundheitlich geht es mir recht gut. Wann wird wohl für mich die Stunde des Todes kommen?

Auch meine vier Brüder erlernten wie ich das Tischlerhandwerk. Nachdem ich die Lehre beendet hatte, ging es auf die Walz, wie das damals so üblich war. Bis nach Lissa in Polen führte mich mein Weg. Auf dem Rittergut des Dr. von Heidebrandt fand ich Arbeit. Er besaß ein großes, altes Schloss, das ich restaurieren sollte. Unter Anleitung eines Architekten aus Posen arbeiteten mein Bruder und ich auf diesem herrschaftlichen Anwesen. Wie viel Hektar Land dazu gehörten, weiß ich heute nicht mehr, aber es war ein großes Landgut. Sonntags ging der Gutsbesitzer mit seinem gesamten Dienstpersonal zum Gottesdienst, und wir schlossen uns natürlich gerne den Kirchgängern an. Auch den Jugendbund des EC besuchte ich. Als einer unserer jungen Leute Geburtstag feierte, wurde auch ich dazu eingeladen. Dort auf dieser Feier lernte ich Hilda Dickert kennen. Heute würden die jungen Leute sagen, sie verspüren ein Schmetterlingskribbeln im Bauch. So erging es mir auch. Ich verliebte mich in dieses wunderschöne junge Mädchen. Nach der Jugendstunde mussten immer zwei junge Männer die Mädchen nach Hause begleiten. Die Diakonisse bestand darauf, dass es zwei waren.

Wenn ich an die Weihestunden im Jugendbund denke, bin ich heute noch bewegt. Die verantwortlichen Mitarbeiter des Kreises erhielten das goldene EC-Abzeichen, und einmal im Monat trafen sie sich zu dieser besonderen Stunde. In der Stille vor Gott betrachteten wir ausgewählte Abschnitte aus der Bibel und machten uns bewusst, welch hohen Preis Jesus für uns am Kreuz bezahlt hat, als er auf Golgatha für uns gestorben ist. Seine göttliche Liebe weckte in uns Hingabe und Dankbarkeit. Wir wollten von ganzem Herzen Jesus nachfolgen und ihm dienen. Das goldene EC-Abzeichen besitze ich auch heute noch.

Margonin im Kreis Kolmar wurde mein neues Zuhause. Es liegt etwa 30 Kilometer von Schneidemühl entfernt. Für mich folgte nun der Militärdienst in der polnischen Armee. Zwei Jahre war ich Soldat in Wilna in Litauen, das damals zu Polen gehörte. In meiner Freizeit besuchte ich gerne den Gottesdienst und auch die Bibelstunde.

Im Jahr 1933 kam Adolf Hitler an die Macht. Damals sagten die Gläubigen in Wilna: „Dieser Mann bedeutet für Deutschland den Untergang." Natürlich durfte solch eine Aussage später nur hinter vorgehaltener Hand gemacht werden, sonst wäre man angezeigt worden und ins KZ gekommen.

Nachdem ich ein Jahr als Soldat Dienst getan hatte, kam eines Tages der Kompaniechef zu uns. Er suchte Bläser für die Militärkapelle. Ich meldete mich und musste vorspielen. Dazu wählte ich den Hohenfriedberger Marsch. Auf der Stelle wurde ich in das Orchester aufgenommen.

1935 kam meine Entlassung aus dem Wehrdienst, und ich fuhr nach Hause. In der Schreinerei bei meinem Vater fand ich Arbeit.

Als im September 1939 Deutschland den Polen den Krieg erklärte, wurde schon zwei Tage später meine Heimatstadt Margonin von den Deutschen besetzt. Alle deutschen Männer erhielten eine Armbinde mit einem Hakenkreuz darauf und wurden als Verkehrspolizisten eingesetzt.

Im Februar 1942 wurden mit mir auch alle meine Brüder zum Militär einberufen. Mein Vater stand nun allein an seiner Hobelbank. Für meine Hochzeit am 8. September 1942 erhielt ich einen Kurzurlaub von acht Tagen. Es fiel uns jung vermähltem Paar schwer, dass ich wieder an die Front fahren musste. Ich wurde in Frankreich und Deutschland eingesetzt. Einen schweren Schicksalsschlag darf ich nicht unerwähnt lassen. Fast hätte ich vergessen, darüber zu berichten. Für meine Braut wollte ich gerne ein Weihnachtsgeschenk schreinern. Es sollte ein Nähkästchen werden. Ich stand an der Säge, und dabei passierte mir ein schlimmes Missgeschick. Mit meiner Hand geriet ich in die Maschine. Mein Zeigefinger wurde abgetrennt, und als Folge des Unfalls blieb auch mein Mittelfinger steif. Das war natürlich ein schwerer Schlag für mich. Fortan war ich behindert. Welche Hilfe und welcher Trost war es für mich, dass im Krankenhaus Diakonissen von Vandsburg arbeiteten. Sie beteten für mich und sprachen mir Mut zu. Dadurch kam ich zunächst nicht wieder an die Front. Ich wurde GVH geschrieben. Das bedeutete, ich war nur noch „Garnisonsverwendungsfähig“. Von 1942-1944 war ich in der Heimat zum Dienst beordert. Aber nach dem Fall Stalingrads brauchte das Militär neue Truppen. Nach wochenlangen Vorbereitungen zum Kriegsdienst kam ich zum Fronteinsatz nach Frankreich. Man brachte uns in einer ehemaligen französischen Kaserne unter. Eines Nachts wurde ich schwer krank. Mein Bauch schmerzte entsetzlich. Ich wurde ins Lazarett eingeliefert. Die Ärzte stellten eine akute Blinddarmentzündung bei mir fest. Acht Tage wurden meine Schmerzen mit Eisblasen behandelt. Inzwischen war meine Kompanie zum Fronteinsatz in den Osten abkommandiert worden. Durch meine Blinddarmentzündung ist mir der Kampf gegen die Russen erspart geblieben. Das war für mich ein Wunder. Hätte ich vielleicht sonst den Krieg überleben können? Ein Freund hat mir geschrieben, dass die Hälfte meiner Kompanie auf russischer Erde „für Führer, Volk und Vaterland“ gefallen ist.

Die deutschen Truppen unter Leitung von General Schirner wurden von den Russen eingeschlossen. Nun war Ersatz dringend notwendig geworden, und ich wurde mit noch anderen Soldaten im Viehwaggon nach Danzig verfrachtet. Erst jetzt gingen mir die Augen auf, wie wenig ich als einzelner Soldat galt. Ich war nur noch eine Nummer. Unser Transport dauerte mehrere Tage. Wir haben schrecklich gefroren und litten auch Hunger. Unsere Versorgung war durch die Kriegswirren nicht mehr gewährleistet. Hier ahnten wir, was uns nun bevorstand. Jetzt ging es in den Kampf. Angst überfiel mich. Als wir in Danzig angekommen waren, suchte ich sogleich nach Christen und fand die Landeskirchliche Gemeinschaft. Ihr Leiter erkannte meine große innere Not. Er las mit mir die Bibel und betete. Dieses kleine schwarze Bibelbuch, in Leder gebunden, trug ich immer bei mir. Das gab mir Trost.

Auf unserem Weg in den Osten begegnete uns ein großer Truppentransport der Organisation „Todt". Er kam gerade noch aus dem Kessel heraus. Als die Kameraden uns sahen und begriffen, dass wir an ihrer Stelle dorthin geschickt wurden, riefen sie uns zu: „Ihr seid nicht zu beneiden. Dort tobt die Hölle."

Mit einem Schiff, auf dem 3000 Soldaten untergebracht waren, ging es auf dem Meer weiter bis nach Liebau. Einer meiner Brüder hat sogar noch den Untergang der Wilhelm Gustloff miterlebt. Auf dem Wasser und zu Lande tobte der Krieg und forderte viele Tausende Tote. Allein auf der Gustloff ertranken 9000 Menschen in den kalten Fluten. Es waren meistens Frauen und Kinder, Alte und Verwundete, die aus Ostpreußen vor den Russen geflohen waren. Das war am 30. Januar 1945 die größte Schiffstragödie, die es je auf den Weltmeeren gegeben hatte.

Unsere Kompanie sollte mithelfen, den russischen Kessel zu sprengen und die deutschen Soldaten zu befreien. Während sonst die jungen Soldaten vor ihrem ersten Fronteinsatz erst langsam an das Kriegsgeschehen gewöhnt wurden, trieb man uns sofort in die Schlacht. Vom Schiff wurden wir ausgeladen und in Viehwaggons weiterverfrachtet. Die Front war schon so nahe, dass wir jeden Schuss hörten. Auf freiem Feld hielt der Zug an. Wir mussten antreten, und uns wurde gesagt: „Wenn die Leuchtkugeln am Himmel erscheinen, dann ist dies das Zeichen zum Vormarsch und Angriff." Wir sollten tüchtig Hurra schreien. Die Russen sollten denken, eine riesige Abteilung von Soldaten stürme auf sie zu. Mein Kamerad, der neben mir marschierte, wurde sofort von feindlichen Kugeln getroffen und starb an meiner Seite, ehe der Kampf eigentlich begonnen hatte. Für mich war dies ein erschreckender Anblick.

Wir jagten die russischen Soldaten aus ihren Stellungen, die nur 300 Meter von unseren Schützengräben entfernt lagen. Hier mussten wir uns verteidigen. Acht Tage lang schliefen wir bei Wind und Wetter im Freien. Manchmal fanden wir einen kleinen Bunker, der uns Schutz vor dem Regen bot. In diesem Frontabschnitt lernte ich einen Kameraden kennen, der sich bei mir die Bibel auslieh. So wusste ich um einen Glaubensbruder an meiner Seite. Wir lagen in unseren Schützengräben – alle 50 Meter ein Soldat. Ein Offizier erteilte uns in der Nacht den Befehl, dass im Morgengrauen der Angriff auf die feindlichen Truppen erfolgen sollte. Aber die Sowjets kamen uns zuvor. Ein schrecklich lautes Getöse von Granateinschlägen umdröhnte uns. Es war wirklich die Hölle.

Ich wurde verwundet und im Schützengraben verschüttet. Über eine längere Zeit muss ich wohl in meinem Erdloch gelegen haben. Plötzlich hörte ich ein Summen und kam wieder zum Bewusstsein. Aber ich war bewegungsunfähig. Mein Gesicht war voller Blut, und ich konnte nichts mehr sehen. Aber allmählich kam ich doch wieder zu Kräften und konnte mich aus den Erdmassen herauswühlen. Ein Offizier begegnete mir. Leider hatte er kein Verbandszeug und schickte mich deshalb weiter. Mein Kamerad, dem ich die Bibel geliehen hatte, war auch verwundet worden. „Kamerad, nimm mich mit", bat er mich. Aber ich war ja selber verwundet und ganz elend. Dieser Ruf des verwundeten Kameraden bedrängt mich noch heute in meinen Alpträumen. Er ist wohl in seinem Graben verblutet. Bei meinem Rückzug wurde ich noch durch einen Oberschenkeldurchschuss schwer verletzt. Mühsam schleppte ich mich Schritt um Schritt bis in den Wald. Dort stieß ich auf einen anderen deutschen Soldaten, der mir mit erhobenen Händen entgegenkam. Ein Russe mit einer Maschinenpistole stand direkt hinter ihm. Wir ergaben uns beide. Als Erstes wurden mir mein Ehering und die Uhr abgenommen. Der russische Soldat wollte uns sofort erschießen, aber sein Vorgesetzter befahl ihm: „Nicht schießen!" Er warf noch eine Handgranate nach uns, die aber das Ziel verfehlte. So blieben wir beide am Leben. Diese lebensgefährliche Situation habe ich lange nicht vergessen können. Noch zwanzig Jahre später tauchte sie immer wieder in meinen Tag- und Nachtträumen auf. Gott hatte ein Wunder an mir getan.

Man führte uns beide zum Verhör. Da ich stark blutete, wurde ein russischer Sanitäter gerufen, der meine Wunden verband. Eine russische Wache brachte uns in ein nahe gelegenes Dorf. Dort wollte ich zurückbleiben, da mein Bein sehr schmerzte. Aber mich überfiel die Angst, erschossen zu werden, denn Verwundete waren nur eine Last. Zwei andere gefangene Kameraden hakten mich an jeder Seite unter und schleppten mich mit. Ihnen verdanke ich mein Leben. Im Dorf verhörte uns eine Frau von der GPU (das war die russische Geheimpolizei). Sie war hart, brutal und unbarmherzig zu uns. Sofort nahm sie mir die Bibel weg und sperrte mich mit den anderen in einen Stall. Dort lagen auch noch russische Soldaten, die uns gleich unsere guten Wehrmachtsstiefel von den Füßen rissen. Wir mussten dafür ihr durchlöchertes Schuhwerk anziehen. Am nächsten Tag brachte man mich in den Keller eines Lazaretts. Noch einmal verband mir ein russischer Sanitäter meine Wunden. Ab und an erhielt ich auch etwas zu essen. Zehn Tage blieb ich in diesem Lazarettkeller. Dann wurden wir in ein großes Gefangenenlager nach Estland befördert, das die Deutschen ursprünglich für russische Kriegsgefangene eingerichtet hatten. Mit 12000 Mann waren wir hier untergebracht. Eng lagen wir in Holzbaracken zusammengepfercht beisammen und litten unter Hunger, Durst und Kälte. Zu unserem Glück gab es in unserer Nähe Ölsteine. Das waren braune Steine, die wegen ihrer Öleinlagerungen zum Feuern benutzt werden konnten. So hatten wir wenigstens eine einigermaßen geheizte Baracke. Dort wurde ich als Tischler in einer Werkstatt eingesetzt.

Eines Tages kam ein Offizier zu mir und brachte mich auf einen LKW. Ihm war die Frau gestorben, und ich sollte mit noch einem Gefangenen zusammen ein Grab für sie ausheben. Anschließend fand die Trauerfeier in einer großen Kapelle statt. Mein deutscher Kamerad und ich nahmen daran teil. Wie es bei einer russischen Beerdigung Sitte ist, wurden Brot und Salz ausgeteilt. Auch wir wurden damit bedacht. Als wir wieder zurück in unser Gefangenenlager gehen wollten, sagte der Pope zu uns auf deutsch: „Gute Heimkehr.“ Dieser Satz klang wie Engelsmusik in unseren Ohren.

In der Gefangenschaft in Estland wurden wir in der Lehre des Stalinismus und Leninismus geschult. Auf einem Riesenplakat konnten wir lesen: „Der

Marxismus ist allein mächtig, weil er Recht hat." Wochenlang mussten wir diese Gehirnwäsche über uns ergehen lassen. Dann suchten unsere Vorgesetzten deutsche Gefangene aus, die die anderen in dieser Ideologie schulen sollten. Auch ich war zu dieser Aufgabe ausersehen. Dieses Ansinnen brachte mich in große Gewissenskonflikte. Wie konnte ich mich zum Sprecher einer gottlosen Ideologie machen, da ich doch ein Mensch war, der Gott vertraute und Jesus Christus sein Leben übergeben hatte? Nie und nimmer wäre ich zu solch einer Forderung bereit gewesen. Die Bibel war mein liebstes Buch, auch wenn sie mir von dieser hartherzigen GPU-Beamtin abgenommen worden war. Im Lager selbst war es uns ein Geschenk, dass wir uns mit etwa 15 Mann zu einem Bibelkreis zusammenfanden. Pastor Rudolf Reichert war unser Seelsorger. Er hat uns immer Mut gemacht. Ich verdanke ihm sehr viel. Wie oft hat er mit mir gebetet, wenn mir das Herz schwer wurde und ich vor Heimweh kaum noch ein und aus wusste. Die Sehnsucht nach meiner Frau war nicht zu stillen. Aber nun kam mit dieser Anfrage eine Belastung auf mich zu, die mich in schwere Anfechtung stürzte. Ich wollte Jesus treu bleiben. Wie hätte ich ihn verraten können, wo er mir doch so viel bedeutete? Was hat er alles für mich getan? Sein Leben hat er am Kreuz für mich geopfert, und ich sollte ihm jetzt abschwören und mich für ein kommunistisches, gottloses Regime einsetzen? Nie und nimmer. Mein Entschluss stand fest. Natürlich würde diese Haltung böse Folgen für mich haben, und nur allzu bald erfuhr ich, dass ich mit meiner Vermutung Recht hatte. Es folgten Verhöre, und ich wurde wie ein Schwerverbrecher behandelt. Fingerabdrücke wurden von mir gemacht und Fotos geschossen. Ein dicker Aktenordner füllte sich mit Seiten. Darauf stand als Endergebnis fest, dass ich für den Sowjetstaat ein gefährlicher Bandit sei und die Grundfesten der Sowjetunion untergraben würde. In einem Transport mit vielen SS-Gefangenen und hohen Offizieren wurde ich in ein Straflager verbannt. Hier bin ich verloren, musste ich mir sagen. Nie mehr werde ich die Heimat wiedersehen. Es begegneten mir in diesem Lager auch greise Frauen, Mütter und Kinder. Von Soldaten mit Maschinengewehren und Hundestaffeln wurden wir strengstens bewacht. Über Jahre bekam ich keine Post, hörte kein Radio und wusste noch nicht einmal, ob der Krieg zu Ende sei. Erst 1948 erhielt ich die erste Karte über das Rote Kreuz. Die Westmächte hatten sich für uns eingesetzt und darauf bestanden, dass die Genfer Konventionen eingehalten würden, die einem Kriegsgefangenen mit seinen Angehörigen Briefkontakt zusicherten. Ein Vierteljahr später erhielt ich die erste Nachricht von meiner Frau. An diesen Tag erinnere ich mich noch ganz genau. Er war so voller Glück und Freude wie Weihnachten und Ostern zugleich. Ich erfuhr noch, dass ich Vater eines Sohnes geworden war, den meine Frau Werner genannt hatte. Den ganzen Tag hätte ich laut jubeln können, auch mit knurrendem Magen. Meine Familie war am Leben, auch wenn sie ihre Heimat hatte verlassen müssen. Und ich hatte einen Jungen. Das gab mir neue Hoffnung. Ein Kind ist wie ein Geschenk des Himmels direkt aus Gottes Hand. Uns wurde auch von der Lagerleitung gesagt: „Wir machen das nicht wie Hitler, der die Gefangenen verhungern oder erschießen ließ. Ihr kommt wieder nach Hause.“ Nur wann, das war für uns die bedrängende Frage.

Im Lager gab es ein schwarzes Brett, auf dem Bekanntmachungen und Zeitungsausschnitte aus der DDR angeheftet waren. Eine kleine Notiz sorgte regelrecht für einen Aufstand bei uns. Da konnten wir lesen, die Westmächte würden behaupten, in Russland gäbe es keine Straflager. Das führte bei uns zu einem riesigen Aufruhr. Binnen drei Tagen wurde dieses Lager aufgelöst. 500 Gefangene kamen ins Bergwerk und die anderen in verschiedene Betriebe. Mich verfrachtete man als Gefangener nach Moskau in die Gorki-Straße. Von unserem Zellenfenster aus konnten wir den Kreml sehen. Zu der Zeit wurden in Moskau viele neue Häuser gebaut, und mein handwerkliches Können war sehr gefragt. Wir verdienten sogar ein paar Rubel und konnten uns endlich etwas mehr Brot kaufen. Das war für mich schon wie die halbe Heimat, denn ich konnte mich endlich satt essen. Unsere Ernährung war nämlich recht mangelhaft. Wir erhielten trockenes Brot, Eintopf aus Wrucki (das sind gelbe, große Rüben), Reis und Hirse. Hier in Moskau war das Leben menschlicher. Auf sechsspurigen Autobahnen wurden wir zur Arbeit gefahren. Endlich waren wir dem Straflager entkommen. Wir hatten nämlich schreckliche Angst, wir könnten in Sibirien landen.

Zu Weihnachten 1949 wurde ich dann aus der Gefangenschaft entlassen. Für mich hätte es kein größeres Weihnachtsgeschenk geben können. In langen Zügen ging die Fahrt Richtung Westen. Als wir die Oder überquerten und dann später die Elbe erreichten, fühlte ich mich schon fast zu Hause. In langen Reihen marschierten wir ins Lager Friedland ein. Unter Glockengeläut wurden wir empfangen. Dann wurde das Lied angestimmt:

„Nun danket alle Gott
mit Herzen, Mund und Händen,
der große Dinge tut
an uns und allen Enden,
der uns von Mutterleib
und Kindesbeinen an
unzählig viel zugut
und noch jetzund getan.“

Ich war so gerührt, dass ich meine Tränen nicht mehr zurückhalten konnte. Ja, ich dankte meinem Gott von ganzem Herzen.

Meine Mutter und meine Brüder wohnten in Westdeutschland. Meine Frau lebte in Wolgast in der DDR. Natürlich wollte ich zu ihr und so siedelte ich in die DDR um. Wenn ich schon in Friedland innerlich tief ergriffen war, so war die Begegnung mit meiner Frau und meinem Sohn noch viel bewegender. Meine Gefühle kann ich nicht und will ich auch nicht beschreiben. Gott hatte uns nach so vielen Jahren der Trennung, Gefangenschaft und Flucht wieder zusammengeführt. Ich kann ihn nur loben.

Dass ich mich in Wolgast sofort der Landeskirchlichen Gemeinschaft anschloss, brauche ich eigentlich gar nicht erwähnen. Ich suchte dort auch gleich wieder ein Betätigungsfeld und fand es im Posaunenchor. Zu einem meiner größten Erlebnisse als Dirigent dieses Chores wurde mir das Posaunenfest in der Westfalenhalle 1955.

Als Delegierter aus der DDR durfte ich mit 2000 Bläsern daran teilnehmen. Ein Stück Himmel tat sich für mich auf, als die insgesamt 6000 Musiker die Lieder zum Lob Gottes anstimmten. Die Halle mit ihren 25000 Besuchern war ein unvorstellbares Erlebnis für mich. Johannes Kuhlo, der „Fürst" unter den Posaunenbläsern aus dem Posener Land, hätte in diesem Jahr seinen hundertsten Geburtstag gefeiert. Er hatte sich mit ganzer Hingabe der Posaunenarbeit gewidmet und sie aufgebaut. Mit meinen über 90 Jahren bin ich heute der wohl älteste Posaunenbläser. Im vergangenen Jahr feierte ich mein 75. Posaunenbläserjubiläum. Das ist wohl einmalig in Deutschland. Wie schallten die Lieder zur Ehre unseres großen Herrn! Noch jetzt, wenn mich die Sehnsucht nach der Ewigkeit umfängt, klingt mir folgendes Lied in meinen Ohren:

„Jerusalem, du hoch gebaute Stadt,
wollt Gott, ich wär in dir.
Mein sehnlich Herz so groß Verlangen hat
und ist nicht mehr bei mir.
Weit über Berg und Tale,
weit über blaches Feld
schwingt es sich über alle
und eilt aus dieser Welt."

Wir durften ein Stück Herrlichkeit, ja ein Stück Glanz der Ewigkeit erleben.

Bald wird in Dresden wieder ein großes Posaunenfest stattfinden. Für mich ist es klar: Ich werde es auf alle Fälle mitfeiern – entweder auf Erden oder im Himmel.

Der vertrocknete Weihnachtsbaum

Es gibt Ereignisse, die uns stürmisch bedrängen und uns die Luft zum Atmen nehmen wollen. Das erlebte auch eine Mutter im Zweiten Weltkrieg. Weihnachten rückte näher, aber die Freude auf dieses hohe Fest wollte sich nicht bei ihr einstellen. Da saß sie nun mit ihrer großen Kinderschar allein auf ihrem großen Hof und bangte um ihren Mann. An der mörderischen Front kämpfte er mit dem Feind. Fast jede Woche trafen Nachrichten ein, dass wieder ein Sohn, ein Vater, ein Ehemann, ein Bruder im Krieg den Heldentod erlitten habe oder vermisst sei. Wann würde bei ihr der Kreisleiter vor der Tür stehen und ihr die entsetzliche Hiobsbotschaft überbringen?

Draußen auf dem Hof tobte fröhlich die kleine Rasselbande und freute sich mächtig über den ersten Schnee. Sie aber saß in der Küche auf der Bank, hing traurigen, wehmütigen Gedanken nach und war zu keiner rechten Arbeit fähig. Ihr Dasein kam ihr so sinnlos vor, und das Ziel ihres Lebens war ihr vom Nebel der Schwermut verhüllt.

Hatte sie eine Stunde oder sogar zwei in der Düsternis ihrer Seele dagesessen? Sie wusste es nicht mehr. Aber dann musste mit dem Grübeln Schluss sein. Die Mutter griff zur Bibel. Sie brauchte jetzt unbedingt ein Wort von Gott, einen Zuspruch, an den sie sich klammern konnte. So schlug sie die Losung auf und wollte den Tagestext lesen. Psalm 91 war angegeben und sie las:

„Wer unter dem Schirm des Höchsten sitzt und unter dem Schatten des Allmächtigen bleibt, der spricht zu dem Herrn: Meine Zuversicht und meine Burg, mein Gott, auf den ich hoffe.

Ob tausend fallen zu deiner Seite und zehntausend zu deiner Rechten, so wird es dich doch nicht treffen.

Denn er hat seinen Engeln befohlen über dir, dass sie dich behüten auf allen deinen Wegen, dass sie dich auf Händen tragen und du deinen Fuß nicht an einen Stein stoßest."

War dieser Psalm nicht eine Antwort auf ihr tiefes Sehnen, auf ihre Angst? Es war ihr zumute, als ob die Nebelwand aufrisse und sie wieder klar sehen könne. Hoffnung flammte auf. Noch einmal musste sie diese verheißungsvollen Verse lesen, faltete dann die Hände und dankte Gott für diese klare Zielangabe. Dann erhob sie sich von ihrer Bank, rief ihre kleine Schar herein und sagte: „Kinder, bald ist Heiligabend. Wir wollen zusammen Plätzchen backen. Ich weiß, unser Papa wird wieder heil aus dem Krieg zu uns kommen. Gott hat mir dies durch sein Wort gesagt."

Diese Gewissheit war so stark im Leben der kinderreichen Mutter, dass sie den Christbaum im Zimmer lange stehen ließ. Der Vater sollte ihn noch sehen. Es wurde März, und sie musste jede Woche die vertrockneten Nadeln vom Fußboden wegkehren. Aber sie hielt an diesem Psalm fest und erlebte, wie Gott seinen Zuspruch einlöste. Der Vater musste lachen, als er den vertrockneten Weihnachtsbaum in der guten Stube sah, aber er freute sich zugleich über den Mut und den Glauben seiner Frau.

Weihnachten auf dem Schlachtfeld

Wilhelm Busch erzählt:

Anlässlich einer Evangelisationswoche, die ich in Trier hielt, besuchte ich Luxemburg und das nahe Frankreich. Fast vierzig Jahre war es her, dass ich als blutjunger Soldat im Ersten Weltkrieg ein schauerliches Jahr erlebte. An einem Tag kamen wir auf unserer Fahrt auch nach Vaux. Vor uns lag im Sonnenglanz das Land. Und da stiegen Erinnerungen in mir auf an all das Erleben, das sich hier zugetragen hatte. Ich entsann mich jenes seltsamen Weihnachtsabends, an dem ich als junger, unbekehrter Bursche zum ersten Mal zu begreifen begann, was Weihnachten bedeutet. Ich will diese Geschichte erzählen, weil sie vielleicht dem einen und anderen hilft zu verstehen, was gerade heute, da die Welt wieder aus den Fugen geraten will, die Weihnachtsbotschaft sagt.

Am Tag vor Weihnachten kam Post. Ich erhielt sogar ein Päckchen. Unter allerlei lieben Gaben war darin ein gelber Wachsstock. „Kinder, wir machen uns einen Weihnachtsbaum“, jubelten die Kameraden, als sie den Wachsstock in meiner Hand sahen. Am Morgen des Heiligen Abends zog ich mit meinen Kameraden los, um den Weihnachtsbaum zu suchen. Wie glücklich waren wir, ein kleines, grünes Sträuchlein zu finden. Mit großer Liebe pflanzten wir es in eine Konservenbüchse. Mit viel Geduld wurden die Lichtlein mit Stecknadeln an die Zweige gespießt. Und dann kam der Heilige Abend. Draußen war es ruhig. Nur hier und da bellte ein Schuss durch die Nacht. Nun sollte unsere Feier losgehen. Ach, sie missriet völlig. Da war einer, der wollte uns mit dem Lichterbäumlein fotografieren. Bis der endlich alles aufgebaut hatte, waren die kleinen Kerzen heruntergebrannt, und der Unterstand war voll beißenden Qualms vom Blitzlicht. Es missriet einfach alles. Warum? Ich denke heute, wir waren alle heimwehkrank an jenem Abend. So kam es wohl, dass dem Alkohol mächtig zugesprochen wurde. Bald waren alle sinnlos betrunken. Es war trostlos. Ich lief schließlich in Zorn und Schmerz aus dem Unterstand. Draußen empfing mich sternhelle Nacht. Weiß leuchtete die aufgewühlte, zerschossene Kalkerde. Armes Land! Hier waren einst reiche Felder und Gärten gewesen. Dort unten in der Mulde hatte ein Dorf gelegen. Da hatten vor einem Jahr fröhliche Menschen auch Weinachten gefeiert. Wo sind sie nun, die Heimatlosen? Ich biss die Zähne zusammen. Der Krieg ist hart. Da ist kein Raum für weiche Gemütsbewegung.

Jetzt höre ich ein Geräusch. Aus dem Offiziersunterstand kommt ein Oberleutnant heraus. Er sieht mich nicht, weil ich im Schatten stehe. Aber ich kann ihn deutlich erkennen. Lange steht er da und schaut in die trostlose Nacht. „Sieh“, denke ich, „dem geht' s wie mir. Der kann auch das Leid nicht mehr ertragen.“

Doch – was hat er denn da? Er zieht unter seinem Umhang ein blitzendes Horn hervor und setzt es an die Lippen. Nun klingt es unendlich weich und seltsam über das zerschossene Tal:

„O du fröhliche, o du selige,
gnadenbringende Weihnachtszeit ...“

Seine Melodie zwingt mich, den Text leise mitzusummen. Und alles empört sich in mir. „Nein! Nein!“, schreit mein Herz. „Es ist nicht wahr! Hier ein zerstörtes Dorf. Jedes verwüstete Haus ein Strom von Herzeleid. Und dort die betrunkenen, heimwehkranken Männer. Und zu Hause die weinenden Frauen und Kinder, die nach ihren Vätern rufen, die bedrohte Heimat. Blut, Sterben, Jammer ... Wie kannst du so spielen: O du fröhliche ...?“

Aber er bläst ruhig weiter. Und es klingt klagend:

„Welt ging verloren ...“

„Ja“, denke ich, „das ist nun ganz und gar wahr. So habe ich das noch nie empfunden und gesehen.“

„Christ ward geboren ...“

So klingt es in meine Gedanken hinein. So hell, so jubelnd, so schmetternd, dass ich aufhorche.

„Christ ward geboren!

Freue dich, freue dich, o Christenheit!“

Da fällt es mir wie Schuppen von den Augen: Das ist Weihnachten, das und nichts anderes:

Welt ging verloren – Christus ward geboren!

Und doch wurde es Weihnacht

Walter Stumpf erzählt:

Kalt war der Tag und noch frostiger die Nacht. Vom klaren Himmel glitzerten die Sterne. Durch ihr Glänzen wollten sie uns sagen, dass die Heilige Nacht angebrochen sei. Aber für uns Gefangene gab es keine Heilige Nacht. Wir waren weit ins Innere Sibiriens verschleppt und wussten nicht, ob uns jemals wieder in Deutschland die Sonne und der Mond scheinen würden. An solch einem hohen Festtag war das Lagerleben besonders schwer zu verkraften. Erinnerungen an zu Hause und die Sehnsucht nach unseren Lieben stiegen in uns auf. Hier waren wir doch nur die Ausgestoßenen, die Geächteten, die „Nazischweine", wie wir oft vom russischen Wachpersonal beschimpft wurden. Schon so war die Gefangenschaft kaum durchzustehen, aber an Feiertagen legte sich das Elend lähmend auf unsere Seele und raubte uns jede Hoffnung. Fast war unser Dasein nicht länger zu ertragen. In unserem Barackenlager waren die Dielen verfault. Im Winter tropfte das Wasser von der Decke. Qualm und Ruß von unserem kleinen Kanonenöfchen machten uns das Atmen zur Qual. Die Pritschen waren hart, und nicht jeder hatte eine Decke zur Verfügung. Manch einem Kameraden blieb nur sein Mantel zum Schutz gegen die nächtliche Kälte. Die hygienischen Zustände waren katastrophal. Überall auf dem Lagergelände lag der Abfall herum, und oft wurden wir von Läusen, Wanzen und Flöhen gepeinigt. Soll ich das Essen beschreiben? Meist war es eine dünne Brühe mit einigen

Kohlstücken und ein bisschen Grütze darin. Sie hatte einen eigenartigen Fischgeschmack. Wir konnten von Glück sagen, wenn ein paar Fettaugen auf der Suppe schwammen. Kohl, Kohl, jeden Tag Kohl mit Grütze! Die Folge einer solchen Ernährung führte zu ständigem Hunger, und die Schwachen unter uns gingen daran zugrunde. Fast jede Woche dezimierte sich unsere Zahl im Lager, und oft fragte ich mich selbst: Werde ich dieses Hundeleben überstehen und werde ich nach Hause kommen? Die wenigen Scheiben in unserer Bude waren dick mit einer Eisschicht überdeckt. Wollten wir einmal hinausschauen, dann mussten wir uns mit unserem warmen Atem ein Guckloch freihauchen.

Und heute war Heiligabend, Heiligabend des Jahres 1947. Im Gefangenenlager hätte an diesem Tag keine weihnachtliche Stimmung aufkommen können. Arbeiten mussten wir genauso wie an jedem anderen Tag von 14 bis 22 Uhr im Kohlebergwerk. Und doch ließ mich der Gedanke nicht los, dass ich meinen 29 Kameraden in unserer Stube eine Freude bereiten sollte. Eigentlich war dies ein wahnwitziger Gedanke, denn meine Hände waren leer, und ich sah keine Möglichkeit, beim russischen Lageroberst um eine kleine weihnachtliche Freundlichkeit oder Gabe zu bitten. Aber ich wollte es zumindest versuchen. Mir war natürlich bewusst, dass Gefangene nur zum Oberst gehen konnten, wenn sie vorgeladen waren. Aber ich musste an meine Stubengenossen denken, wenn sie am Abend müde und erschöpft vom Kohlebergwerk heimkommen und sich dann verzweifelt auf ihre Pritschen werfen würden. Ich nahm allen Mut zusammen, noch vor 14 Uhr beim Oberst vorgelassen zu werden und ihn zu bitten, mich heute von meiner Arbeit zu beurlauben, damit ich eine kleine Feier für meine Kameraden vorbereiten könnte. Es kam schon einem Wunder gleich, dass ich bis zum Vorzimmer des Chefs gelangen konnte. Ein Wachposten meldete mich an, und sogleich vernahm ich seine brüllende Stimme in Deutsch: „Wie kommt der Mann hierher? Was höre ich da? Ein Gefangener will heute nicht zur Arbeit gehen? Das ist Sabotage! Befreiung von der Arbeit, das gibt es in meinem Straflager überhaupt nicht. Aber er soll hereinkommen."

Da stand ich, der wehrlose Gefangene, hilflos vor dem Hünen in seiner prächtigen Uniform mit den vielen Orden und Kriegsauszeichnungen auf der Brust dekoriert. Mir wurde bei seinem Anblick ganz elend zumute.

„Was fällt dir denn ein?", brüllte er mich an. „Du willst nicht zur Arbeit gehen? Für Faulenzer haben wir ganz besondere Methoden." Aber dann mäßigte sich sein Ton und er fuhr fort: „Was willst du eigentlich?"

„Herr Oberst, heute ist Heiligabend, und ich möchte meinen Kameraden eine kleine weihnachtliche Freude bereiten, wenn sie von der Arbeit nach Hause kommen."

„Du bist ein verrückter Kerl", lachte der Oberst zynisch. „Du hast doch gar nichts außer einem Essgeschirr und deinem Löffel. Wie willst du ein Fest vorbereiten? Kannst du etwas aus dem Nichts hervorzaubern? Bist du ein Hexer?"

„Sie haben Recht, Herr Oberst, ich habe wirklich nichts und trotzdem möchte ich Sie bitten, mich heute von der Arbeit zu befreien."

„Das gibt es nicht in meinem Straflager. Und zudem bist du noch ein Kohlehauer. Deine Brigade braucht dich dringend. Du bist unabkömmlich."

Seine Blicke zu mir herüber waren nun fast mitleidig. Dann wandte er sich an seine Sekretärin. Sie schrieb mir einen Zettel. Auf dem stand, dass ich heute von der Arbeit befreit sei. Der Oberst reichte ihn mir und schrie mit rauer Stimme: „Raus mit dir, verschwinde! Gib diese Bescheinigung an deinen Brigadier!"

Ich rannte hinaus, denn meine Kameraden standen schon abmarschbereit am Lagertor. Sie hielten Ausschau nach mir. Als ich meinem Brigadier den Urlaubsschein überreichte, fragte er ganz verwundert: „Wie, du kommst heute nicht zum Kohlebergwerk?" Er schüttelte den Kopf und war verwundert.

Ein langer Nachmittag lag nun vor mir, und mir wurde bewusst, wie Recht der Oberst hatte. Ich stand ja wirklich mit leeren Händen da. Mein Chef würde sicher ein Auge auf mich haben, ob ich wirklich meinen Kameraden eine Freude bereiten oder nur faulenzen wollte. Wehe mir, wenn es nicht gelänge, meinen Stubenkameraden einen kleinen festlichen Empfang bei ihrer Rückkehr von der Kohlengrube zu gestalten. Ich fühlte mich nicht sehr wohl in meiner Haut. Hätte ich in dieser aussichtslosen Situation nicht beten können, ich wäre vor Angst vergangen. Ich vertraute auf Gott, der mir ja diesen Gedanken der Festfreude ins Herz geschoben hatte. So lief ich in dem riesigen Lagergelände umher und suchte nach einer Staude, die einem Christbaum ähnlich sah. Ich fand ein etwa 60 Zentimeter hohes Unkrautgewächs mit wunderbaren Zweigen. Auf dem Rückweg zu meiner Behausung kam ich an der Sanitätsbaracke vorbei, zu der wir eigentlich keinen Zutritt hatten. Wie zufällig begegnete mir der Majorsarzt. Mit drohender Gebärde schaute er mich an und fragte sogleich mit lauter Stimme: „Was suchst du hier, und was soll das Unkraut in deinen Händen?" Ich erklärte ihm stotternd mein Anliegen und bat ihn, ob er mir nicht etwas Watte, Papier, einen Kuli und eine Schere geben könnte. Noch heute staune ich über den Mut, ihn um diese Sachen zu bitten. Etwas verwirrt schaute er mich an: „Weißt du nicht, dass euch diese Dinge verboten sind?"

„Jawohl, Herr Majorsarzt, das weiß ich; aber heute ist doch Weihnachten, und ich möchte meine Kameraden erfreuen."

Wortlos ließ er mich stehen und ging in die Baracke. Sollte ich mich jetzt schleunigst aus dem Staube machen oder doch auf ihn warten? Ich wusste es nicht. Ich entschloss mich für das Letztere und blieb stehen. Der russische Arzt trat wieder aus der Tür. Unter dem Arm hielt er eine Rolle rosa Karton, in den Händen eine Schere, einen Kuli und einen Beutel mit Watte. Er sagte kein Wort zu mir. Hatte Weihnachten auch sein Herz berührt, oder tat ich ihm nur Leid? Ich lief, so schnell mich meine Füße tragen konnten, in unsere Stube. Dort stand in der Mitte des Zimmers ein langer Tisch und an beiden Seiten je eine Bank, so dass 30 Mann daran Platz fanden. An den Wänden waren 15 Doppelpritschen aufgestellt, auf denen Strohsäcke lagen. In einer Ecke am Ofen war immer unser liebster Platz. Leider durften wir uns keine zusätzlichen Kohlen aus dem Bergwerk mitbringen und haben deshalb oft frieren müssen, denn die Heizration war sehr knapp bemessen. Sogleich begann ich mit meiner Arbeit. Ich schnitt aus dem Karton 30 Doppelkärtchen aus und beschriftete sie mit weihnachtlichen Versen aus der Bibel. Dabei kam mir zugute, dass ich in meiner Jugend viele Bibelsprüche auswendig gelernt hatte. Unser Tisch hatte in der Mitte ein Astloch. Da hinein steckte ich meine Staude. Mit vielen kleinen Wattekügelchen schmückte ich sie, so dass man das Unkraut gar nicht mehr entdecken konnte. Während ich noch eifrig schrieb, ging plötzlich die Tür auf. Zwei Wachposten blieben auf der Schwelle stehen und starrten auf den Tisch. Würde mein Tun böse Folgen für mich haben? Aber zum Glück geschah nichts dergleichen. Beide verließen den Raum, kamen aber kurz darauf wieder mit einer Rolle weißem Papier und deuteten auf den Tisch. Also besaß ich jetzt wunderschöne Tischdecken. Bevor sie gingen, warfen sie mir noch eine Schachtel Streichhölzer zu. Streichhölzer waren uns sonst verwehrt. Aber einer der beiden kam wieder zurück, griff in seine Uniformjacke und holte eine Menge Weihnachtskerzen hervor, genau 30 Stück. Es war gar nicht so einfach, die Kerzen auf dem Tisch zu befestigen. Aber es gelang mir. Während ich noch mit meiner Arbeit beschäftigt war, ging die Doppeltür auf, und zwei andere Wachsoldaten trugen einen Waschkorb bis oben hin gefüllt mit echten Weihnachtsstollen herein. Sie verteilten sie gleich auf dem Tisch. Schweigend verließen sie unsere Stube. Als ich wieder allein war, konnte ich meine Freudentränen nicht zurückhalten. Sie tropften mir über die Wangen. Wie lange hatte ich solche Köstlichkeiten nicht mehr gesehen! Ich dankte meinem himmlischen Vater, dass er die Herzen unserer Bewacher zum Guten fähig gemacht hatte. Die sonst so hartgesottenen, brutalen Aufpasser zeigten ihre weiche, von der Liebe berührte Seele. Mit aufgepflanzten Bajonetten spielten sie das Christkind und bedachten meine Kameraden und mich mit herrlichen Stollen. Und als ob dies des Glücks nicht genug wäre, öffnete sich noch einmal die Tür, und ein Karton mit 30 Tafeln Schokolade wurde hereingetragen. Während ich eine Tafel auspackte – ich brauchte nämlich das Silberpapier, um Lametta für meinen Weihnachtsbaum zu schneiden –, legte einer der Bewacher an jeden Platz eine Schachtel mit russischen Zigaretten.

Mir wurde über all den herrlichen Gaben das Herz weit. Ich kann meine Freude bis heute kaum beschreiben. Mir war zumute, als träumte ich einen wunderbaren Traum. Aus unserer sonst so kahlen Bude war ein Weihnachtszimmer geworden. Ich fieberte dem Augenblick entgegen, wenn meine Kameraden aus 40 Grad klirrender Kälte das Zimmer betreten würden. Was würden sie für Augen machen? Sicher waren ihre Herzen von Sehnsucht und Traurigkeit erfüllt. Zu Hause warteten nämlich ihre Eltern, Geschwister, Ehefrauen und Bräute auf sie, und sie waren in die Eiswüste Sibiriens verbannt.

Und dann stapften meine Männer hungrig, müde, erschöpft und enttäuscht den langen Gang bis zu unserer Stube. Die Kerzen hatte ich noch schnell angezündet. Hell erstrahlte der Raum. Vor der Tür begann ein wütendes, verärgertes Klopfen und Schimpfen. „Aufmachen! Was ist da drinnen los?" Dann öffnete ich für die Ahnungslosen die Doppeltür. Wie angewurzelt blieben meine Kameraden stehen. Die von Kohle geschwärzten Gesichter wurden vom Lichtglanz strahlend hell, und so manchem rannen die Tränen über die Wange. Von der Festfreude überwältigt, fielen die Männer einander in die Arme. Keiner brachte ein Wort über die Lippen. Ein Staunen hatte sie erfasst. Welch eine Überraschung war uns allen geschenkt. Darüber vergaßen meine Kameraden, sich zu waschen und umzuziehen. Jetzt sollte nur noch Weihnachten gefeiert werden. Ich erzählte uns allen die Geschichte von der Geburt des Heilandes. Dann sagte jeder seinen Spruch, der auf dem Kärtchen stand, auf. Aus vollen Kehlen ertönte ein Weihnachtslied nach dem anderen. Dann aber wurde der herrliche Christstollen angeschnitten. Märchenhaft schön war für uns der Gabentisch gedeckt. Wir lebten ja sonst ganz elend und arm. Lange saßen wir an diesem Heiligen Abend noch beieinander. Wehmut, aber auch tiefe Freude erfüllte unsere Herzen. Christus ist wirklich für uns geboren.

Das Kind in einem sibirischen Waldhüterhaus

Kalt blies der Wind vom Osten herüber und trieb den Schnee vor sich her. Im Wald, der tief verschneit war, fielen die weißen Schneelasten von den Kiefern. Das Buschwerk war nur noch als hohe Schneeanhäufung sichtbar. Nacht war es schon geworden, und am Himmel stand der Mond. Manchmal wurde er durch Wolken verdeckt, und dann wirkte die Landschaft unheimlich bedrohend.

Drei Männer kämpften gegen den heftigen Wind an und versuchten voranzukommen. Aber der Weg war beschwerlich. Manchmal brachen sie knietief in den Schnee ein, der überall wie weißes Pulver meterhoch zerstreut lag. In ihren stark zerfetzten und geflickten Jacken und ihrem schlechten Schuhwerk froren sie mächtig. Die Pelzmützen hatten sie tief ins Gesicht gezogen, so dass nur noch die Augen und die rot gefrorenen Nasen hervorschauten. Ihr Atem bildete im klirrenden Frost kleine Nebelwölkchen. Heute war Heiligabend, und die drei einsamen Wanderer gehörten zum nahe gelegenen Kriegsgefangenenlager. Sie waren einer Brigade zugeteilt, die das Holz für ihren Erdbunker herbeischaffen musste. Heute aber wollten sie in ihrer großen Blechkanne im Waldhüterhaus Milch holen. Es war ja Festtag, und am Abend sollte es Hirsebrei geben, mit richtiger Milch gekocht. Vielleicht gelang es ihnen ja auch, etwas Butter zu erstehen. Fünfzehn Männer gehörten zu ihrem Trupp. Es war eine harte, mörderische Arbeit, in der sibirischen Eiswüste Holz herbeizuschaffen. Not und Entbehrung der langen Gefangenschaft hatten die Männer zu einer verschworenen Gemeinschaft zusammengeschweißt. Diese Kameradschaft ließ sie zuweilen die bittere Not vergessen. Eigentlich hatten die drei vorgehabt, schon zu Mittag mit ihrer Arbeit aufzuhören; aber dann waren noch zwei große Lastwagen gekommen, die beladen werden mussten. Deshalb konnten die Holzfäller erst am Abend aufbrechen. Aber versuchen wollten sie es auf alle Fälle, etwas Milch zu besorgen. Der Hunger war schrecklich und trieb sie dazu an. Fast zwei Stunden Wegs lagen vor ihnen. Georg, der Stämmigste von den dreien, ging vorneweg. So konnte Friedrich in seinen Fußstapfen laufen und war auch etwas gegen den scharfen, beißenden Wind geschützt. Friedrich wurde besonders von Erinnerungen an zu Hause gequält. Dort würden seine Lieben jetzt den Baum schmücken, die Geschenke verteilen, sich zum Gottesdienstbesuch rüsten und die alten Weihnachtslieder singen. Aber klangen diese Melodien jetzt nicht wie Hohn in seinen Ohren? Hier im Gefangenenlager war nichts von trauter Weihnachtsstimmung, von Friede und Glockenklang zu vernehmen. Hier ging es ums nackte Überleben. Fast jede Woche mussten sie einige ihrer Kameraden aus dem riesigen Lager auf einen alten zweirädrigen Karren laden und draußen vor dem Wald in den Schnee legen. Bei diesen Temperaturen von bis zu minus 40 Grad war der Boden tief gefroren. Keinen Spatenstich konnte man in die Erde bringen. Erst wenn das Tauwetter im Frühjahr einsetzen würde, konnten die Leichen der deutschen Soldaten in Massengräbern beigesetzt werden.

Was hatte eigentlich ihr geschundenes Dasein mit Weihnachten zu tun? Die Sehnsucht nach ihren Lieben wurde ihnen zur Qual. Sie hatten keine liebende Hand, in die sie einschlagen konnten, keine Schulter, die ihnen einen festen Halt und Geborgenheit bot. Es wurde ihnen kein Lächeln geschenkt, und wenn sie vor Verzweiflung geschüttelt und gerüttelt wurden, strich keine Hand über ihre Stirn. Diese Gedanken zermarterten den Kopf von Friedrich, und von seinen Lippen kam ein lauter Seufzer. Aber keiner schien ihn gehört zu haben, weder Georg vor ihm noch Dietrich hinter ihm. Vielleicht hingen sie trüben Gedanken nach und hatten mit sich selbst zu tun. Warum sollten sie sich noch mit seiner Last abquälen? Aber es hätte auch sein können, dass sie seinen Klagelaut nicht vernommen hatten.

So stapften die drei im tiefen Schnee weiter, Schritt um Schritt. Aber Friedrich hielt die Stille des Waldes nicht aus. Es brach förmlich aus ihm heraus: „Man sollte Weihnachten überhaupt nicht feiern. Da kommt man doch bloß auf dumme Gedanken, wenn das Leben so unerträglich geworden ist. Früher war es zu Hause schön, aber jetzt?“ Er unterbrach seine Rede. Erst nach ein paar Metern fügte er hinzu: „Am besten wäre es, wenn es überhaupt kein Weihnachten gäbe.“ Georg wandte sich ihm zu: „Hör auf, solchen Blödsinn zu reden. Deswegen ist es doch Weihnachten.“

Friedrich schwieg, dachte aber bei sich: „Georg trägt diese Entbehrungen im Gefangenenlager besser als ich. Er ist hart im Nehmen und lässt wehleidigen Gedanken keinen Raum. Er ist ja auch ein sturer ostpreußischer Bauer.“ Doch dann hielt Friedrich inne. Er schämte sich plötzlich. Hatte nicht gerade Georg Grund genug, verzweifelt zu sein? Ihn hatte das Schicksal besonders hart getroffen. Er hatte alles verloren: Haus, Hof, Vieh und Äcker. Für einen Bauern, der seine Scholle liebt, musste der Verlust entsetzlich gewesen sein. Und als ob dies Unglück nicht schon genug gewesen wäre, hatte er noch erfahren müssen, dass seine liebe Frau und seine beiden hoffnungsvollen Söhne auf der Flucht von den russischen Panzern überrollt worden waren. Diese Nachricht, die er erst sehr spät erhalten hatte, löste einen regelrechten Schock bei ihm aus, und er war hernach noch schweigsamer. Mit keinem hat er über diesen Schlag reden können. Und jetzt wollte er Weihnachten feiern?

„Na, Georg, ist dir denn wirklich nach Weihnachten zumute?", fragte ihn Friedrich. Dieser aber sah sich nur erstaunt nach ihm um und murmelte etwas vor sich hin. Aber Friedrich wollte es nun doch wissen und drängte ihn. Obwohl der Wind noch stärker geworden war, stellte er ihm erneut die Frage. Da blieb Georg stehen, drehte sich zu Friedrich so schnell um, dass dieser beinahe mit dem Kopf an seine Brust stieß.

„Wenn du es wirklich wissen willst, Kamerad, dann will ich es dir auch sagen. Noch nie habe ich mich so sehr nach Weihnachten gesehnt wie gerade jetzt. Erst hier habe ich begriffen, welche Bedeutung das Christuskind für mich hat. 42 Mal habe ich Weihnachten gefeiert, ohne zu wissen, welchen Sinn es wirklich hat. Gewiss, ich bin früher in die Kirche gegangen, und der Pfarrer hat die Weihnachtsgeschichte ausgelegt. Aber verstanden habe ich seine Predigt nicht. Doch jetzt weiß ich, dass der Gottessohn wirklich für mich geboren wurde. Ich muss dem Pfarrer heute Recht geben. Durch die Geburt Jesu Christi ist Gottes Liebe zu uns gekommen. Wir sind erlöst. Das Weihnachtsfest will uns jedes Jahr daran erinnern, dass Gottes Liebe immer für uns da ist.

Noch nicht einmal am Kreuz auf Golgatha ist sie ausgelöscht worden. Als alles verloren schien, der Himmel sich verdüsterte und Jesus am Karfreitag starb, hatte Gott schon den wunderbaren Ostermorgen im Sinn. Da ist Jesus auferstanden und hat dem Tod die Macht genommen. Weihnachten, Karfreitag und Ostern sind Tatsachen, die Gott der Herr geschaffen hat. Nun dürfen wir unserem Herrn Christus ganz fest vertrauen. Seine Liebe und Güte beweisen gerade in ausweglosen Situationen ihre Macht. Weihnachten will uns daran erinnern, dass wir uns auch untereinander lieben sollen, und deshalb beschenken sich die Menschen auch gern. Diese äußeren Zeichen sollen den inneren Glanz der Liebe widerspiegeln. Gerade in der Gefangenschaft ist mir die Bedeutung von Weihnachten wichtig geworden. Im ersten Jahr in Sibirien habe ich dies nicht begriffen. Ich war noch zu viel mit meinen Problemen beschäftigt. Im zweiten Jahr habe ich mich auch noch nicht zurechtgefunden. Aber in diesem Jahr weiß ich, dass ich in Gottes Hand geborgen bin. Zum ersten Mal werde ich richtig Weihnachten feiern."

Georg atmete tief durch. Er wunderte sich selbst, dass er eine solch lange Rede gehalten hatte. Aber dann gingen die Männer weiter ihres Weges und stapften durch den Schnee.

Plötzlich blieben Dietrich und Friedrich stehen. Sie mussten über die Worte ihres Kumpels nachdenken. Dietrich zeigte sich besonders betroffen. Er hatte bisher gemeint, mit seinen zwanzig Jahren müsse er sich nicht so viele Gedanken über den Sinn des Lebens machen. War es seine Bequemlichkeit, seine Nachlässigkeit oder sogar Oberflächlichkeit? Jetzt begriff er etwas von der Bedeutung der Rede seines

Mitgefangenen. In den Begegnungen zuvor hatte er den Glauben von Georg geflissentlich übersehen.

Friedrich hingegen war viel skeptischer. „Von der Liebe Gottes merke ich hier nichts, gar nichts. In diesem verdammten Hungerlager gehen wir noch alle zugrunde“, fluchte er. „Unsere Städte in der Heimat sind zerbombt. Wer weiß schon, wo unsere Familien geblieben sind. Elendiglich sind viele Kameraden von uns in der sibirischen Kälte erfroren, verhungert oder zu Tode gepeinigt worden. Wie die Hunde sind sie verreckt. Wo blieb da die Liebe Gottes?“ Richtig wütend war er dabei geworden. Sein Kopf war ganz rot.

Dietrich fühlte sich in seinen Gedanken gestört. „Hör auf mit diesem Geschimpfe, Friedrich. Das bringt doch auch nichts. Lass uns weitergehen. Ich habe schon kalte Füße und drohe hier festzufrieren. Los, komm schon! Wir müssen Georg einholen. Er ist ja schon fast unseren Blicken entschwunden.“

Georg war nicht in der Kälte stehen geblieben. Er wollte sich nicht die Flüche seiner Kumpels anhören. Aber seine Spur war noch gut im Schnee zu entdecken, und so gingen die beiden in schnellem Schritt ihrem Kameraden nach. Bald würden sie das Waldhüterhaus erreichen. Sie sahen es schon in einer Schneise vor sich liegen. Georg blieb stehen, verschnaufte und wartete auf seine Begleiter. Tief im Schnee begraben lag das Holzhaus da. Windschief waren seine Bretterwände. Auf dem Dach qualmte der Schornstein. Aus den winzigen Fenstern, die mit Eisblumen bedeckt waren, drang ein matter Lichtschein. Und doch bot dieses Fleckchen Erde hier Geborgenheit. Es hob sich merklich ab von der dichten, bedrohlichen Kulisse des Waldes, in dem Wölfe und noch andere wilde Tiere sich auf Futtersuche befanden und ihr Unwesen trieben. Ab und zu drang das Heulen einer Wölfin aus der Ferne herüber. Dietrich klopfte an die Tür. Schlurfende Schritte näherten sich ihr. Ein junger, freundlicher Russe öffnete sie einen Spalt breit und streckte sein bärtiges Gesicht heraus. Es war für die drei Deutschen gar nicht so leicht, ihr Anliegen vorzubringen. Sie mussten schon alle russischen Worte, die sie bisher gelernt hatten, zusammensuchen. Aber der Russe verstand sie und in gebrochenem Deutsch bat er sie, in die Stube zu treten. Es war herrlich warm darin, und mit dem Atem sog man auch den Geruch von Tieren ein. Fünf Hühner pickten gerade die letzten Haferkörner vom Lehmboden auf. Ein geschecktes Kaninchen huschte blitzartig zu einem Verschlag in der Ecke, aus dem das Gemecker einer Ziege zu hören war. Die Männer drückten dem Waldhüter ihre Kanne in die Hand. Es war ein selbst gemachtes Stück aus Blech. Gerade wollten die drei ihre fast erfrorenen Hände am Herdfeuer wärmen, als sie schon von dem freundlichen Russen ins angrenzende Zimmer geführt wurden. Der Waldhüter strahlte übers ganze Gesicht, so als habe er für die Deutschen eine große Überraschung parat. Sie gewannen wirklich den Eindruck, dass sie ihrem ehemaligen Feind zu Kameraden geworden waren. Was wollte der Russe bloß von ihnen? Unschlüssig standen sie da. Er aber drängte sie regelrecht zur Tür, die er mit seinem Stiefel aufstieß.

Armselig sah das Zimmer aus. Aber es war aufgeräumt und sauber gefegt. Notdürftig wurde es von einer verrußten Öllampe etwas erhellt. Sie hing über der Schlafstätte, auf der eine junge Frau in Decken eingehüllt lag. Ihr Gesicht wirkte trotz der Blässe schön und zart. Neben ihr stand eine Wiege, die aus groben Brettern selbst gezimmert schien. Ein neugeborenes Baby lag darin. Schützend hielt die Mutter ihre Hände über ihr Kind, als sie die drei fremden Männer erblickte. Ein Schatten von Angst huschte über ihr Gesicht. Als sie aber ihren Mann in der Tür stehen sah, der die drei Besucher vollends in die Kammer schob, strahlten ihre Augen auf. Die junge Mutter war ja fast selber noch ein Mädchen, so zerbrechlich sah sie aus. Und doch merkte man ihrem Gesicht die Freude und das Glück an. Sie war jetzt die Mutter eines strammen Jungen. Die Gefangenen waren entzückt von ihrem Anblick. War es vielleicht auch der Umstand, dass sie schon lange kein freundliches Frauengesicht zu sehen bekommen hatten? Gewiss, im Lager gab es auch Aufseherinnen und eine Ärztin. Aber ihr Verhalten wies oft noch brutalere Züge auf als das der Wachsoldaten.

Vorsichtig legte die junge Mutter ihre Hand auf das Köpfchen ihres Sohnes, der friedlich in seiner Wiege schlief. In überschäumender Freude redete der Vater ständig etwas vor sich hin, das die Deutschen aber nicht verstehen konnten. Still, fast regungslos blieben die Gefangenen in der Tür stehen. Ihnen war die Scheu anzumerken, als könnten sie dieses junge Glück stören. Dachten sie vielleicht in diesem Augenblick an ihre eigenen Familien? Oder bemächtigte sich ihrer die Weihnachtsstimmung? Oder waren sie noch bewegt von dem Gespräch, das sie mit Georg im Wald geführt hatten? Wer will dazu etwas sagen?

Georg nahm als Erster seine warme Pelzmütze mit seiner großen Hand vom Kopf. Auch seine Begleiter taten es ihm gleich. Es war, als ob der Anblick dieses Kindleins die Männer verzaubert hätte. Plötzlich fingen ihre Augen an zu glänzen. Die verbitterten, harten Züge hellten sich auf. Friedrich schob seine blonden Locken aus der Stirn und musste noch einmal über die Worte seines Kameraden nachdenken. Auch er wurde vom Wunder eines neugeborenen Kindes im Innersten berührt. Hier offenbarte sich nicht nur die Liebe einer Mutter zu ihrem Sohn, sondern er musste erkennen, dass es in dieser harten, rohen Welt dennoch Liebe gab, eine Liebe, die unbegreiflich und stark ist. All das Verletzliche, das Böse, das Unerträgliche trat jetzt in den Hintergrund, und ein Ahnen von Gottes wunderbarer Liebe und Geborgenheit bemächtigte sich auch seiner.

Und auch der Vater des Kindes wurde in diese große Dankbarkeit Gott gegenüber hineingenommen. In seiner windschiefen, alten Hütte war ihm ein Sohn geboren worden. Das führte sein Herz ins Staunen hinein, ja zum Anbeten über die göttliche Größe, die sich gerade vor seinen Augen offenbarte. Er dachte zurück an die Zeit, da seine Großmutter vor der Ikone in der Ecke niederkniete und betete. Damals war er noch ein kleiner Junge gewesen, aber das Bild seiner frommen Großmutter, die Gott anrief, hat sich tief in seinem Herzen eingegraben. Stolz war er jetzt über sein Vaterglück und winkte seine Besucher näher zur Wiege heran. Sie sollten den Stammhalter bewundern. Aber die drei Kriegsgefangenen vermochten sich nicht von der Stelle zu rühren, so ergriffen waren sie vom Wunder der Geburt eines Kindes.

Der Baumhüter schüttelte nur mit dem Kopf. Er konnte die Deutschen nicht verstehen. Was ging in ihrem Innersten vor? Er konnte aus ihrem Verhalten nicht klug werden.

Die drei Männer in ihren abgerissenen, feldgrauen Wehrmachtsmänteln mussten sich urplötzlich auf die Knie werfen. Der Anblick des Neugeborenen zwang sie förmlich dazu, vor sich die Liebe Gottes zu erahnen, die gerade auch im Kind in der Krippe deutlich wurde. Ihr Herz erfüllte sich mit innerer Ergriffenheit und Wärme. Ja, das Kind in Bethlehems Stall war der Retter der Welt, ihr Heiland und Erlöser. Das war die Botschaft von Weihnachten, und auch sie waren in dieses Geheimnis hineingenommen. Wie lange sie so anbetend verharrten, wussten sie später nicht zu sagen. Die Zeit schien für sie still zu stehen. Waren es Minuten oder sogar Stunden? Das war nicht mehr auszumachen. Kaum wagten sie zu atmen, so geheimnisvoll war es ihnen ums Herz.

Jetzt aber trat der Waldhüter mit der gefüllten Kanne in die Stube. In der Hand hielt er zwei Päckchen. Sie waren in ein weißes Leinentuch gewickelt. Es waren Geschenke, die ihnen zugedacht waren. Sie konnten es nicht fassen und wollten die Gaben erst gar nicht annehmen. Doch ehe sie recht etwas sagen konnten, hatte der Russe sie zur Tür hinausgeschoben. So standen sie in der frostklaren Nacht. Über ihnen leuchtete der Himmel mit seinem Sternenmeer. Die Schneekristalle glitzerten wie Diamanten.

Erst allmählich wurden die drei, wie aus einem Traum gerissen, wach. Der Wind blies ihnen heftig ins Gesicht. Sie banden sich die Fellmützen unter dem Kinn fester zusammen. Friedrich fand als Erster zu sich. „Also das ist Weihnachten? Zum allerersten Mal feiere ich Weihnachten, richtig Weihnachten." Georg klopfte seinem Kameraden auf die Schulter und nickte ihm zu. „Wie mich das freut!" Dietrich ging noch ganz versonnen der Schneespur nach. Aber dann fand er seine Worte wieder: „Wisst ihr, wie das in der Stube des Waldhüters war? Fast so wie in Bethlehem bei Maria und Joseph – und natürlich dem Jesuskind."

„Und wir waren die Hirten, die vom Feld kamen“, fügte Georg an.

„Ja, du hast Recht, aber jetzt müssen wir einen Schritt zulegen, damit wir noch zu unserer ‚Herde‘ kommen“, lachte Friedrich fast übermütig.

„Wir müssen ihnen die Frohe Botschaft verkündigen“, meinte Dietrich etwas spitzbübisch. Georg musste schmunzeln.

Glücklich wie Kinder, die reich beschenkt wurden, stapften sie durch den hohen Schnee. Still war es zwischen ihnen geworden. Jeder trug die Eindrücke der Erlebnisse in seiner Brust. Über ihnen wiegten sich die Wipfel der Kiefern. Es war, als wollten sie in die Melodie des Windes mit einstimmen: „Ehre sei Gott in der Höhe und Friede auf Erden und den Menschen ein Wohlgefallen.“ Die Tritte im Schnee nahmen diesen Klang auf, und er setzte sich in der Tiefe des Waldes fort, immer fort, westwärts Richtung Heimat. Obwohl der Weg beschwerlich war, merkten sie die Anstrengung nicht. Ja, sie spürten noch nicht einmal die sibirische Kälte.

Mit lautem Jubel wurden sie in der Baracke empfangen: „Hallo, da seid ihr ja endlich! Wir hatten schon Angst, ihr wärt unter die Wölfe geraten. Kommt herein in die warme Stube! Habt ihr etwas bekommen? Eure Gesichter strahlen ja, als wärt ihr die leibhaftigen Weihnachtsmänner!“

Die drei packten ihre Geschenke aus. Dicht gedrängt standen die Kameraden um sie herum. Ein großes Staunen brach an. Zum Vorschein kamen ein Klumpen Butter, ein Ziegenkäse und die Milch. „Na, habt ihr drei euch dies von einem armen Russen unter die Nägel gerissen? Habt ihr zapzarap gemacht? Erzählt schon! Seid ihr etwa dem Christkind unterwegs begegnet? Sagt, wo habt ihr diese Köstlichkeiten her?“

Georg gebot allen Fragen Einhalt: „Nachher werden wir euch berichten. Das gehört nämlich als Überraschung dazu. Friedrich wird euch dann mitteilen, was wir alles erlebt haben. Er kann das am besten.“

Gert war ihr Koch in diesem Lager. Das Feuer glühte im Herd, und sogleich begann er, das Festmahl zuzubereiten. Dietrich, Georg und Friedrich duschten und rasierten sich und zogen sogar ein paar „bessere Klamotten“ an. Die anderen saßen um den Tisch herum, sahen sich die Fotos von ihren Lieben an und träumten von besseren Zeiten. An diesem Heiligabend wurde der Tisch sogar mit einem weißen Leintuch bedeckt. Eigentlich wusste keiner so recht, wo dieses wertvolle Stück herkam. Zum Schmuck lagen Kiefernzweige darauf und dazu noch sechs Kerzenstummel. Die Blechtöpfe waren diesmal blank gescheuert, und wer noch ein Foto von seiner Frau, seinen Eltern oder seinen Kindern besaß, legte es an seinen Platz. Da es in der Baracke sehr eng zuging, wurde der Christbaum an der Decke aufgehängt. Es war ein kleines Kiefernbäumchen, das mit handgegossenen Lichtern über der Festtafel schwebte. Engel aus Papier und Sterne, dazu auch etwas Lametta aus Staniol zierten den Tannenbaum. Und dann war es endlich so weit. Zuerst sollte gegessen werden, denn die Mägen der Kriegsgefangenen knurrten schon vor Hunger. Die Männer saßen um den Tisch herum und ließen sich den dicken Hirsebrei, der mit gebräunter Butter und Zucker übergossen war, schmecken. Wer noch eine zweite Portion wollte, konnte Nachschlag holen. Als sich die Gefangenen zur Feier des Tages satt gegessen hatten, wurde der Tisch abgeräumt. Dann folgte die Bescherung. Sie zündeten gerade die Kerzen am Weihnachtsbaum an, als ein Kamerad zwei bunte Teller hereinbrachte. Heimlich hatte er Zutaten von Fett, Mehl und Zucker einbehalten, damit er richtigen Krokant und Plätzchen herstellen konnte, Zuckerplätzchen und Pfefferkuchen, die er mit Kürbiskernen garniert hatte. Außerdem hatte er von jedem etwas Geld eingesammelt und davon Zigaretten gekauft. Für die Situation in einem Gefangenenlager war alles festlich hergerichtet. Dann begann Friedrich zu erzählen, was sie in dem Waldhüterhaus alles erlebt hatten. Andächtig lauschten die anderen in der Stube zu. Er hatte die passenden Worte gefunden, um spannend vom Gang durch den Wald und ihrem Besuch bei der russischen Familie zu berichten. Sie sahen förmlich die junge Mutter mit dem Kind in der Wiege vor sich, ja sie fühlten sich alle regelrecht in das Waldhüterhaus versetzt. Und dann tauchte in ihrer Erinnerung ein anderes Kind, das Christuskind auf, wie es auf die Erde gekommen war, arm wurde, damit die Menschen einen Heiland und Erlöser hätten. Es war ihnen zumute, als säßen sie zu Hause in ihrer Stube und machten sich bereit, zur Christvesper in die Kirche zu gehen. Dort hörten sie dann die Frohe Botschaft vom Kind in der Krippe zu Bethlehem und den Engeln, die den Hirten zuriefen: „Fürchtet euch nicht, siehe, ich verkündige euch große Freude, die allem Volk widerfahren wird; denn euch ist heute der Heiland geboren, welcher ist Christus, der Herr, in der Stadt Davids.“ In ihren Herzen glühte die Festfreude, denn auch zu ihnen in diese armselige Baracke war Jesus als ihr liebster Gast gekommen.

Diese Geschichte, deren Verfasser ungenannt bleiben möchte, ist einem Bericht aus dem Buch „Und bringen ihre Garben“ (hrsg. von Helmut Gollwitzer, Josef Krahe und Karl Rauch) nacherzählt.

Frieden mit Gott

Ein Flugkapitän erzählt:

Unsere Familie wurde immer größer. So schufen wir uns ein Eigenheim. Der Himmel hing für uns voller Geigen. Was wollte ich eigentlich noch mehr? Ich hatte eine liebe Frau, eine hübsche Tochter, einen kleinen Sohn von vier Monaten, ein drittes Kind würde bald geboren werden, einen Traumberuf und ein eigenes Heim.

An einem späten Dezemberabend befanden wir uns auf der Heimreise. Wir hatten den Tag für Weihnachtseinkäufe genutzt, und das Auto war bis oben hin gefüllt mit Puppen, Spielen und Kleidern für Debbie und unseren kleinen Sohn Bill. Wir waren in einer frohen, fast ausgelassenen Stimmung und freuten uns auf das Christfest, das vor uns lag. Plötzlich schoss ein Auto geradewegs auf unsere Fahrbahn herüber. Ich sah den Wagen auf uns zukommen, aber es war schon zu spät auszuweichen. Ich hörte, wie Patricia aufschrie. Dann folgte ein ohrenbetäubender Lärm und Krach. Alles war dunkel um mich herum. Als ich wieder zu mir kam, lag ich im Krankenhaus. Ich war schwer verletzt, vor allem im Brustbereich und am linken Fuß. Ich schlug meine Augen auf und sah eine Schwester, die mich mit sonderbarem Blick anstarrte.

„Wo ist meine Frau?“

„Es geht ihr den Umständen entsprechend gut. Sie ist zwar übel zugerichtet, aber das werden wir schon hinkriegen.“

„Wo sind meine Kinder? Wie geht es Debbie und meinem kleinen Sohn Bill?“

An ihrem verstörten Blick erkannte ich, dass ich diese Frage nicht hätte stellen dürfen.

„Sie müssen erst einmal zur Ruhe kommen. Der Doktor wird gleich hier sein und Ihnen alle Fragen beantworten.“

Ich sank in mein Bett zurück und wusste, dass mich das Schlimmste erwartete. Unser Baby würde tot sein. Als der Arzt schließlich kam, bestätigte er meine Befürchtungen. Bill war noch an der Unfallstelle verstorben, und Debbie war verletzt, aber nicht lebensgefährlich. Während der Schmerz über den Verlust meines Sohnes in mir wühlte und mich fast verzweifeln ließ, traf mich ein zweiter Schlag. Der Doktor sagte mir, dass er alles versucht habe, um meinen Fuß zu retten, aber vergeblich. Er müsse ihn amputieren. Der Operationstermin liege schon fest.

Mein Chef hatte von meinem schweren Unfall gehört und sofort ein Flugzeug geordert, das meine Mutter zu mir brachte. Sie erreichte das Krankenhaus gerade in dem Augenblick, als man mich in den Operationssaal bringen wollte, um mir den Fuß abzunehmen. Sie bestand darauf, dass ich in mein Zimmer zurückgebracht würde, und untersagte die Operation. Mit dem Arzt hatte sie noch einen heftigen Disput, aber sie ließ sich nicht von ihrer Meinung abbringen. Vielleicht gab es doch noch einen Weg, meinen Fuß zu retten. Sie ging sofort ans Werk, machte den besten Chirurgen ausfindig und ließ mich in seine Klinik bringen. Ihr Einsatz wurde belohnt. Es gelang dem Arzt, meinen Fuß durch Ersatzknochen wiederherzustellen. Wenn ich heute mehr als dreißig Jahre nach dem Unfall über die Felder meiner Farm gehe, bin ich von großer Dankbarkeit gegen meine Mutter und auch den Arzt erfüllt, die entgegen der Meinung anderer Mediziner meinen Fuß nicht amputieren ließen.

Aber eins wurde mir noch wichtiger als mein wiederhergestellter Fuß. Ich brauchte eine innere Erneuerung meines Lebens. Das hatte mich dieser Unfall so kurz vor Weihnachten gelehrt.

Das Leid war mir nicht fremd. Vor einigen Jahren war mein Vater gestorben, den ich sehr geliebt habe. Er war noch in den besten Mannesjahren. Das hatte ich noch verkraftet; aber dass ich unser Kind verlieren musste, das berührte mein Innerstes. Wie sollte ich mit diesem Schicksalsschlag fertig werden? Wir hatten uns damals so sehr auf die Geburt unseres Sohnes gefreut und waren überglücklich, als er zur Welt kam. Nun war das junge, blühende Leben ausgelöscht. Ein betrunkener Autofahrer hatte Bill aus unserer Mitte gerissen. Unser liebes Kind, unser bester Schatz war tot. Ich verstand die Welt nicht mehr und geriet in große Zweifel. Wie kann es in dieser Welt einen Sinn geben, wenn solch schreckliche Dinge geschehen?

Kurz nach meinem Unfall besuchte mich ein Ingenieur aus unserer Fluggesellschaft. Ich war so verzweifelt, dass ich mich nicht mehr an Einzelheiten erinnern kann. Aber ich weiß, dass er mir sagte: „Gott ist bei dir!“ Es war seltsam, aber in meiner ausweglosen Lage spürte ich Gottes Nähe. Seine Liebe bewegte mich. Ich wusste, mein Kollege sagte mir am Krankenbett die Wahrheit. Sein Vertrauen in Gottes Macht hatte eine gewaltige Ausstrahlung. Ihr konnte ich mich nicht entziehen. Während meiner drei Wochen im Krankenhaus besuchte mich dieser Christ fast jeden Tag. Einmal brachte er mir ein Buch mit, das den Titel trug: „Friede mit Gott“. Billy Graham hatte es geschrieben. Ich musste ihm versprechen, dass ich es lese. Als ich das Buch bis zur letzten Seite durchgelesen hatte, fragte mich der Flugingenieur: „Solltest du dein Leben nicht Christus anvertrauen?" Diese Frage ärgerte mich, und mit aggressivem Unterton entgegnete ich ihm: „Das ist nicht so einfach. Ich muss auch die Folgen bedenken, die mit einem solchen Schritt verbunden sind. Ich muss mir die Umkehr um 180 Grad genau überlegen."

Mein Besucher war damit einverstanden, und ich wunderte mich, dass er mich nicht zu diesem Schritt drängte oder überredete. Nach drei Wochen konnte ich die Klinik im Rollstuhl verlassen. Herr Barney besuchte mich zu Hause und kümmerte sich auch um Patricia. Er sorgte für alles, was nötig war. An einem Abend setzte er sich auf einen Hocker ganz dicht an meinen Rollstuhl. Mit ernster Miene fragte er mich: „Glaubst du an Gott?"

„Ja," antwortete ich.

„Glaubst du, dass Jesus von Gott gesandt wurde, um dir deine Sünden zu vergeben?"

„Ja."

„Gut, dann kann uns nichts mehr daran hindern, dass Jesus dich in seine Gemeinschaft aufnimmt."

Wir beteten zusammen, und so wurde ich Christ. Ein wunderbares Gefühl des Glücks und der Freude bemächtigte sich meiner. Meine Frau nahm mich in den Arm. Sie war erleichtert, dass ich endlich Frieden mit Gott gefunden hatte. Gemeinsam besuchten wir fortan die Gottesdienste. Nun hatte mein Leben seinen wahren Sinn gefunden. Ich begriff, dass ich fortan zur Ehre Gottes leben wollte. Warum mein kleiner Sohn Bill hatte sterben müssen, blieb mir weiter ein Rätsel, und das Kind fehlte mir sehr. Ich erkannte, dass es nicht Gottes Wille war, dass unser

Baby durch die Hände eines Betrunkenen hatte sterben müssen; aber in seiner Gnade und Weisheit hat er dieses furchtbare Unglück so kurz vor Weihnachten benutzt, um etwas Gutes daraus zu machen: meine Errettung. Ich wusste auch, dass unser Baby bei Gott gut aufgehoben war. Eines Tages würde ich es wiedersehen und mit ihm vereint sein. Immer, wenn wir Weihnachten feiern, liegt ein Foto von unserem kleinen Sohn unter dem Christbaum.

Weihnachten nach dem 11. September 2001

Wir saßen nun schon zum zweiten Mal um den Weihnachtsbaum zusammen und sangen unsere Lieder, wie wir es von Kindheit an gewohnt waren. Aber auch dieses Mal wollte uns „Stille Nacht, heilige Nacht“ nicht fröhlich über die Lippen kommen. Den Terroranschlag vom 11. September 2001 konnten wir einfach nicht vergessen. Und doch blieb uns ein stiller, tiefer Jubel im Herzen, wenn wir an dieses folgende Geschehen dachten. Aber vielleicht ist es am besten, wenn ich die Geschichte von Anfang an erzähle.

Meine Frau hatte mir voller Glück erzählt, dass wir bald ein Kind unser Eigen nennen dürften. Darüber waren wir beide unbeschreiblich froh, denn in unserer Ehe hatten wir doch lange auf den Kindersegen warten müssen. Jane wollte gerne noch einmal, bevor die Reise für sie zu beschwerlich wurde, ihre Schwester in Kalifornien besuchen. Wir hatten von New York aus einen Flug gebucht. Es war der 11. September, und ich wollte meine Frau mit dem Auto zum Flughafen bringen. Wir haben es schon immer so gehalten, dass wir uns vor dem Antritt einer Fahrt Gott anvertrauten und ihn im Gebet um Bewahrung baten. Als wir uns dann auf der Autobahn befanden, hörten wir plötzlich einen lauten Knall. Das Auto kam ins Schleudern, aber es gelang mir noch, den Wagen zum Stehen zu bringen. Ich stieg aus und sah mir das Malheur an. Der linke Hinterreifen war geplatzt. In handwerklichen Dingen war ich recht geschickt und begann sofort, das Rad zu wechseln. Auch wenn mir solche Reparaturen sonst schnell von der Hand gingen, hatte ich diesmal Mühe damit. Die Zeit schwand dahin, und es war schon abzusehen, dass meine Frau das Flugzeug nicht mehr erreichen würde. Warum musste gerade bei dieser Fahrt die Panne geschehen? Wir hatten doch Gott um Bewahrung gebeten. Etwas mürrisch und schlecht gelaunt setzten wir uns in den Wagen und fuhren nach Hause zurück. Besonders bei meiner Frau war die Enttäuschung sehr groß.

Aber kaum waren wir daheim angelangt, da klingelte schon das Telefon. Mein Vater, ein pensionierter Feuerwehrmann aus New York, rief an. Er wusste, dass Jane zu ihrer Schwester fliegen wollte und fragte nach der Nummer des Fluges, den meine Frau gebucht hatte. Ich sagte ihm auch sofort, dass wir leider wegen der Autopanne das Flugzeug verpasst hatten und umgekehrt waren. Ich vernahm, dass mein Vater tief durchatmete und dann lange am Telefon schwieg. „Was ist los, Vater, geht es dir nicht gut?"

„John, ich muss dir sagen, dass gerade dieser Flieger, mit dem Jane nach Kalifornien fliegen wollte, in das World Trade Center gerast ist und dass wohl kein einziger Passagier überlebt hat."

Ich war zutiefst erschüttert und brachte kein Wort über die Lippen. Es war mir zumute, als habe mir Gott meine Frau ein zweites Mal geschenkt. Wir konnten unserem Herrn für diese Bewahrung nur danken.

Aber dann teilte mir Vater noch mit, dass er unbedingt zum „Ground Zero" fahren müsse, um seine Kollegen bei ihrer Rettungsarbeit zu unterstützen. „Ich kann doch nicht einfach im Lehnstuhl sitzen bleiben, während das Feuer brennt. Ich muss dorthin. Das ganze Gebiet ist ein Feuermeer. Es brodelt überall. Passt nur gut auf mein Enkelkind auf!"

Mit diesem Satz legte er den Hörer auf. Von seinem einmal getroffenen Entschluss hätte ich ihn nicht zurückhalten können. Dessen war ich mir bewusst. Doch wir gerieten in Unruhe. Wenn nun Vater bei den Rettungsarbeiten etwas zustoßen würde? Ich wusste nicht, ob er Jesus schon als seinen Herrn und Erlöser angenommen hatte. Würden wir uns im Himmel wiederfinden, wenn er beim Einsatz sein Leben lassen müsste? Über das Fernsehen gingen die schaurigen Bilder in alle Welt hinaus. Das Ausmaß des Leides und der Zerstörung war schrecklich. Solch einen Terroranschlag hatte es noch nie in der Welt gegeben. Ich war ganz unglücklich.

Zwei Tage später wurde uns mitgeteilt, dass Vater bei seinem heldenhaften Einsatz ums Leben gekommen war. Ich konnte diese Todesnachricht zunächst gar nicht recht begreifen. Meine Frau hatte Gott bewahrt, aber meinen Vater hatte er mir genommen. Plötzlich stieg Groll in meinem Herzen auf, Groll gegenüber Gott. Ich verstand ihn nicht mehr. Ich ärgerte mich auch über mich selbst, dass ich ihm nicht energischer Widerstand geleistet hatte. Nie würde er sein Enkelkind sehen können. Dabei hatte er sich so sehr darauf gefreut. Wie konnte er auch nur ein solcher Draufgänger sein! Hatte er nicht schon oft genug sein Leben für andere eingesetzt? Bei wie vielen Feuerbränden hatte er alles riskiert, um andere zu retten, und immer war er mit heiler Haut davongekommen. Und jetzt, da er seinen Ruhestand hätte genießen können, musste er den Helden spielen. Meine Trauer um den Verlust meines Vater uferte in Wut aus. Mein Vater war doch noch gar nicht zum Sterben bereit, und mir war auch die letzte Möglichkeit versagt geblieben, ihn auf Christus hinzuweisen und mich von ihm zu verabschieden.

Dann aber ereignete sich etwas völlig Unglaubliches. Zwei Jahre später saß ich mit meiner Frau und unserem kleinen Jonathan in der Wohnstube, als es an unsere Tür klopfte. Ich sah meine Frau an und sie mich. Wir erwarteten doch keinen Besuch. Wer würde jetzt kommen? Ich öffnete die Tür, und ein junges Ehepaar mit einem kleinen Kind stand davor. Der Mann schaute mich an und fragte, ob ich Herr John Matthew sei und ob mein Vater Jake Matthew heiße. Ich nickte und bestätigte seine Frage. Der Fremde griff spontan nach meiner Hand und sagte: „Mir war es nie vergönnt gewesen, Ihren Vater kennen zu lernen. Aber ich achte es für eine hohe Ehre, seinem Sohn begegnen zu können."

Dann erzählte er uns in einem langen Gespräch: „Meine Frau Doreen hat im World Trade Center gearbeitet und war damals schwanger, als die beiden Flugzeuge in die Türme rasten und einen Feuersturm auslösten. Doreen war in ihrem Büro von herabstürzenden Trümmerteilen eingeschlossen worden. Ihr Vater war der Erste, der auf sie stieß und sie aus ihrer bedrohlichen Lage befreite."

Von den Worten unseres Besuchers war ich sehr ergriffen. Tränen rannen mir über die Wangen. Mir wurde bewusst, dass mein Vater sein Leben eingesetzt hatte, um andere zu retten. Diese junge Mutter lebte und ihr kleiner Sohn auch. Aber der Fremde fuhr fort: „Ich muss Ihnen noch etwas erzählen, was Sie unbedingt wissen sollten." Mit einem Blick auf seine Frau meinte er: „Ach, Doreen, willst du es nicht lieber selber tun?"

Sie nickte und berichtete, wie mein Vater versucht

hatte, sie aus den Trümmern zu befreien. Aber für Stunden blieben sie eingeschlossen. In dieser Zeit habe sie meinem Vater ihren Glauben an Christus bezeugt und schließlich habe sie sogar inmitten von herabfallendem Gestein und viel Staub mit Vater beten können. Er war bereit geworden, sein Leben Jesus zu übereignen und in seine Nachfolge zu treten.

Als ich dies hörte, brach ich in Schluchzen aus; denn nun wusste ich, dass Vater mich einmal am Himmelstor empfangen würde, wenn ich aus dieser Zeit in die Ewigkeit abberufen würde. Doreen war glücklich darüber, dass ich solch einen hilfsbereiten Vater hatte. Ihm verdankte sie ihr Leben und die Freude, ein gesundes Kind haben zu dürfen. Aus Dankbarkeit hatten sie ihrem Jungen den Namen meines Vaters gegeben: Jakob Matthew.

Ganz neu begriff ich, dass Gott in unserer Familie ein großes Wunder getan hatte. Verdient hatten wir es nicht, aber von Herzen wollten wir uns darüber freuen. Und wenn auch Vater nicht mit uns auf der Erde Weihnachten feiern konnte, dann wussten wir doch: Er wird mit den himmlischen Heerscharen ins Lob Gottes einstimmen und singen: „Ehre sei Gott in der Höhe und Friede auf Erden und den Menschen ein Wohlgefallen."

Können wir überhaupt Weihnachten feiern?

Eine Mutter berichtet:

Das war die Frage, die wir uns nach dem schweren Unfall von Daniel stellten. Zum Feiern war uns wirklich nicht zumute. Unsere Herzen waren noch von all dem Schrecklichen berührt. Wir waren so stolz auf unseren Sohn. Sein Abitur hatte er glänzend abgeschlossen und zum 15. Oktober würde er sein Studium der Informatik beginnen.

Ich war gerade in der Küche und backte Brot, als Daniel zu mir hereinkam und sagte: „Mutter, ich will nur noch eine kleine Runde drehen. Nach dem Nebel heute Morgen ist die Sonne doch noch durchgebrochen. In einer Stunde bin ich wieder zurück. Tschüss, Mutter!" Das waren Daniels letzte Worte. Schon eine halbe Stunde später stand die Polizei vor der Tür. „Sind Sie Frau Spengler (Name ist geändert)?" Ich nickte und ahnte nichts Gutes. „Dürfen wir hereinkommen? – Bitte setzen Sie sich. Wir haben leider keine gute Nachricht für Sie. Ihr Sohn ist kurz vor der Tankstelle verunglückt. Mit seinem Motorrad ist er auf einer Ölspur ausgerutscht. Er wurde mit dem Notarztwagen in die Klinik eingeliefert. Es tut uns Leid, dass wir keine bessere Nachricht für Sie haben. Sollen wir noch jemanden benachrichtigen?"

Ich wehrte ab, und dann gingen die beiden Männer in Uniform wieder weg.

Ich blieb wie gelähmt auf meinem Stuhl sitzen.

Das kann doch nicht wahr sein! Ich habe doch eben noch mit Daniel gesprochen. Wie konnte das geschehen? Er ist ein so vorsichtiger Fahrer und kein Raser. Ich griff zum Telefon und rief meinen Mann auf seiner Arbeitsstelle an. Er fand kaum Worte auf meine Schreckensnachricht und sagte nur: „Christel, ich bin gleich bei dir.“

Gemeinsam fuhren wir ins Krankenhaus. War das unser Sohn? Schwer verletzt und mit Verbänden am Kopf und den Armen kämpfte er um sein Leben. Wir standen um sein Bett und waren zutiefst erschüttert. Nur Stoßgebete entrangen sich unserer Brust, sonst kamen uns keine Worte über unsere Lippen. Tag und Nacht wichen wir nicht von seiner Seite. Acht Tage dauerte sein Kampf, und dann hauchte unser Daniel seinen letzten Atemzug aus. Ich begriff nichts mehr, was um mich geschah. Mein Herz war mir schwer wie aus Stein. Wahrscheinlich gibt es kein größeres Leid, als wenn eine Mutter ihr Kind verliert. Dankbar war ich für die stillen Beweise herzlicher Anteilnahme. Seine Abiturklasse kam geschlossen zu uns und seine Mitschüler überreichten uns Blumen und Fotos, die sie von Daniel in einem Album zusammengestellt hatten. Verwandte riefen an und versuchten zu trösten. Nachbarn schauten bei uns herein und hielten meine Hand. Der Pfarrer war sofort zur Stelle und besprach mit uns die Beerdigung. Aber das alles nahm ich nicht mit wachen Sinnen wahr. Alles schien mir wie ein böser Traum, aus dem ich zu erwachen hoffte. Daniel war wirklich tot.

Wer hätte mich da trösten können? Es war Daniel selbst, der noch nach seinem Heimgang ein gutes Wort für mich hatte. Nach einigen Tagen ordnete ich seine Sachen, die an der Unfallstelle gefunden worden waren. Dabei fiel mir auch sein Portemonnaie in die Hände. Das Geld in der Brieftasche interessierte mich nicht. Aber da war ein kleines Kärtchen hinter einer Klarsichtfolie. An dieser Stelle stecken oft Fotos von der Freundin, von den Eltern oder von Kindern. Bei Daniel war es das Bibelwort aus Matthäus 28,20, das ich entdeckte:

„Siehe, ich bin bei euch alle Tage bis an der Welt Ende." Und dann stand da noch ein Vers:

„Wenn ich aus dieser wüsten Welt
nach Licht und Rettung spähe,
ist nichts, was meine Hoffnung hält,
als deine sel'ge Nähe."

Ich nahm dieses Spruchkärtchen in die Hand und las es immer wieder. Es war mir zumute, als legte mein Sohn seine Hand auf meine Schulter und tröstete mich mit diesem Zuspruch Jesu.

Christus ist bei uns alle Tage, gerade auch dann, wenn mir der Boden unter den Füßen entgleiten will und ich vom Schicksal gerüttelt und geschüttelt werde, so dass mir Hören und Sehen vergeht. Jesus war auch der Glaubensgrund meines Sohnes. Er vertraute seinem Herrn Christus und wusste sich in ihm geborgen. Der Gottessohn war seine Hoffnung im Leben und auch im Sterben. Ich blieb wohl eine Stunde lang in meinem Sessel sitzen und sog den Trost des Wortes Gottes ein wie frische Luft nach einem reinigenden Gewitter. Und weil Gott alle Tage bei uns ist, wollen wir auch in unserer Familie Weihnachten feiern. Daniels Abiturfoto und sein Portemonnaie liegen als Vermächtnis unter dem Christbaum. Ja, wir feiern Weihnachten, vielleicht in einer anderen, tieferen Art.

Christus ist in Bethlehem geboren, dass er für uns

Menschen im Elend eine gute Botschaft bringe und unsere zerbrochenen Herzen verbinde. Er ist gekommen, um uns mit ewigem Trost vom Himmel zu trösten, um uns „Schmuck statt Asche und Freudenöl statt Traurigkeit und Lobgesang statt eines betrübten Geistes“ zu geben. So verheißt es der Prophet Jesaja (Kapitel 61,1-3).

Lieber Gott, wenn du uns nicht hättest

Vergnügt stehe ich in meiner Küche, diesmal ohne von einem Schwarm kleiner Kinder umdrängt zu werden, die alle beim Backen mithelfen wollen, und knete meinen Teig. Völlig ungestört kann ich meine Plätzchen formen und brauche zwischendurch nicht den umgestoßenen Eischnee vom Fußboden aufzuputzen, die Scherben aufzukehren oder einen Streit zu schlichten, weil einer unserer Buben fest und steif behauptet, seine Sterne und Schokoladenherzen seien die schönsten. Seit einem halben Jahr ist unser Jüngster eingeschult, und so fühle ich mich am Vormittag frei in meinen vier Wänden. Ich kann mir meine Arbeit einteilen, wie es mir passt, und es macht mir auch mal Spaß, neue Rezepte auszuprobieren. Ich genieße die Ruhe und freue mich, dass ich in meinem Tun gut vorankomme.

Meinen Gedanken lasse ich freien Lauf, und sie gehen die Jahre zurück, als unsere beiden Ältesten gerade drei und vier waren. In einem Ratgeber hatte ich gelesen, von welch großem erzieherischen Wert es sei, wenn man seine Kinder an allem beteiligt und ihnen so ein gutes Maß an Selbstvertrauen vermittelt. Da ich eine fortschrittliche Mutter sein wollte, hieß dies für mich: Anne Ruth und Gottfried dürfen mir beim Plätzchenbacken helfen. Hätte ich nur im Geringsten geahnt, was ich mir mit diesem Entschluss eingebrockt hatte, ich hätte einen weiten Bogen um diese Art von pädagogischem Ratschlag gemacht.

Also, wir backten Sterne, Herzen, Monde, Glocken und Nikolausmänner. Die Begeisterung war auf allen Seiten groß, und mich freute es, mit welchem Eifer die Kinder den Teig kneteten und die Formen ausstachen. Als die erste Schüssel zu Bruch ging und das Eigelb eine glitschige Lache auf den Fliesen bildete, wurde meine Freude schon etwas gedämpfter. Natürlich blieb es nicht aus, dass Zucker und Mehl den Fußboden wie in eine winterliche Landschaft verzauberten und es unter den Schuhsohlen bei jedem Schritt knirschte. Die Pullover glichen einem Rezeptbuch. Honig, Butter, Puderzucker und Eireste klebten daran und waren Hinweise auf die herrlichen Zutaten des Gebäcks. Aber das störte mich nicht weiter. Ich war ja stolze Besitzerin einer Waschmaschine. Da ärgerten mich die schmierigen Flecken auf den Tapeten und Türen viel mehr.

Allmählich wurde mir bewusst, dass meine eigentliche Arbeit erst nach dem Backen anfängt, wenn ich Schränke und Wände abwaschen muss. Dieser Gedanke ließ meine gute Laune merklich absinken. Die Freude an den leckeren Weihnachtsplätzchen war mir längst verdorben. Hässliche, graue Teighäufchen lagen auf dem Blech – sie hatten schon mehrmals die Bekanntschaft mit dem Fußboden gemacht. Als schließlich unser Gottfried auf die Idee verfiel, den Teig auf dem Stuhl auszurollen, weil das für seine kurzen Ärmchen bequemer war – der kleine Kerl reichte ja noch nicht bis an die Tischplatte –, konnte ich die Fassung kaum noch wahren. Es kochte in mir. Ich hätte explodieren können.

Aber gerade in diesem Augenblick schaute mich das kleine Kerlchen mit seinen großen, dunklen Augen an, und etwas stockend kam es über seine Lippen: „Mama, wenn du uns nicht hättest, du könntest deine Arbeit nie und nimmer schaffen."

Die pädagogische Wirkung meines Tuns hatte ich erreicht. Oder sprach dieser Satz etwa nicht von einem gestärkten Selbstvertrauen? Ich konnte nur schmunzeln, und mein Ärger und Zorn waren im Nu verflogen. Fest drückte ich den kleinen Blondschopf an mich.

Die Weihnachtsplätzchen aus Kinderhand haben uns wunderbar geschmeckt.

Der Schnellkochtopf

Viel Geld hatten die beiden Eheleute nicht, aber alle Jahre zu Weihnachten kauften sich Sepp und seine Thea eine Kleinigkeit, entweder für den Haushalt oder etwas, das sie in der Wohnung gut gebrauchen konnten. Jeder hatte seine Freude daran.

In diesem Jahr wollten sie einen Schnellkochtopf kaufen. Ihre Freunde und Nachbarn hatten schon alle solch einen Topf und lobten ihn sehr. Deshalb schlug Sepp vor: „In diesem Jahr kaufen wir uns auch solch einen Topf."

Zwei Tage vor Weihnachten sind die beiden dann zum Einkaufen in die Stadt gegangen, und schon im nächsten Geschäft fanden sie einen Schnellkochtopf und kauften ihn. Stolz kamen sie mit ihrer Errungenschaft nach Hause, und Thea strahlte ihren Mann an und sagte: „Übermorgen kochen wir unsere Klöße in dem neuen Topf. Wir wollen doch unser Geschenk gleich ausprobieren."

Der Heiligabend kam heran, und da gab es immer noch viel zu tun und zu bedenken. Geschenke müssen schön in Papier eingewickelt werden, die Maske von Knecht Ruprecht muss vom Schrank auf dem Dachboden heruntergeholt werden. Der Sack und sein großer Stecken dürfen auch nicht vergessen werden, und vor allen Dingen muss Thea das silberne Weihnachtsglöckchen schön blank putzen. Und das Festessen soll pünktlich um sechs Uhr auf dem Tisch stehen.

Vor lauter Hektik mit all den Vorbereitungen hatten weder Thea noch Sepp die Gebrauchsanweisung vom Dampfkochtopf gelesen. Der Teig für die Klöße war nun fertig. Thea hat gleich eine große Menge Klöße hergestellt; denn mit der Mutter und der Schwiegermutter würden sie zu siebt am Esstisch zum Festtagsmahl versammelt sein. Die Kinder hatten wie der Vater immer einen guten Appetit. Das Wasser kochte. Sepp stand am Küchenherd und passte wie ein Wachhund auf das Feuer auf. Er schürte kräftig die Glut an. Thea hatte die Klöße schön rund mit ihren zierlichen Händen geformt und legte sie vorsichtig in das kochende Wasser. Der Deckel wurde darauf gelegt, und nach ein paar Minuten sollten sie ja schon gar sein. Thea wollte den Deckel öffnen, aber sie kam damit überhaupt nicht zurecht. „Lass mich das machen,“ schaltete sich Sepp ein. „Das ist eine Arbeit für starke Männer.“ Die Familie saß vollständig um den Tisch herum, und alle warteten auf das Essen. Die Kerze auf dem Tisch war schon angezündet. Vom Plattenspieler ertönte wunderbare Weihnachtsmusik. Die Pyramide mit Maria, Joseph und dem Jesuskind drehte sich, staunend standen die Engel um die Krippe. Sie beteten das Kindlein an. Alles war schon gerichtet, nur auf die Klöße musste noch gewartet werden. Leider gelang es Sepp auch nicht, den Deckel des Dampfkochtopfs zu öffnen. Er wendete Gewalt an. Mit einem kräftigen Ruck riss er den Deckel in die Höhe, und schon war das Malheur passiert. Alle Klöße flogen wie auf ein Kommando gleichzeitig durch die Stube. Die Kinder schrien auf. Die Mutter saß wie vom Schlag getroffen da. Der Schwiegermutter fiel ein Kloß direkt in ihre frisch frisierten Dauerwellen. Sogar die Pyramide wurde von einem Kloß getroffen und blieb stehen. Zwei Klöße waren in den Christbaum geflogen, und ein Kloß drehte auf der Schallplatte seine Runden, von wo er dann in den Sessel rutschte. In den

Lampenschirm über dem Tisch hatte sich einer verirrt und dampfte noch immer. Der Katze war ein Kloß auf die Füße gerollt, und vor Schreck fing sie laut an zu miauen. Die Katastrophe war perfekt.

Theas Mutter fing sich als Erste wieder. „Lasst uns die Klöße aufsammeln. Wir werden sie unter dem Wasserhahn abwaschen und können sie dann trotzdem noch essen."

Die Festfreude aber war gestört. Denn nach dem Essen musste das Chaos wieder beseitigt werden. Thea, Sepp und ihre Kinder hatten zwei Stunden lang alle Hände voll zu tun, bis alles wieder einigermaßen sauber war. Oma aber fragte bestürzt: „Muss ich mir beim nächsten Klößeessen einen Sturzhelm aufsetzen?"

Wo wohnt der liebe Gott?

Eine Erzieherin unterhielt sich mit ihren Kindern, wo denn der liebe Gott wohne. „Lebt er im Himmel oder auf der Erde?", war ihre Frage.

Ein Junge meinte, er sei im Himmel. Ein blondes Mädchen aber glaubte, er lebe auf der Erde, denn er sei an Weihnachten in Bethlehem geboren. So ging der Disput eine Weile hin und her. Schließlich behauptete Peter, der Bedächtigste von allen: „Gott wohnt im Himmel, seine Praxis aber hat er auf Erden, denn er ist in Bethlehem geboren."

Sicher war dies die beste Antwort.

Der Frust mit den Geschenken

Der Heiligabend ist vorbei, die Geschenke sind ausgeteilt und liegen auf dem Tisch. Auf dem Sofa und auf dem Teppich um den Christbaum herum liegt das Geschenkpapier zusammengeknüllt und verstreut. Im Weihnachtszimmer sieht es aus wie bei Hempels unterm Sofa. Aber die Hauptsache ist, dass jeder etwas bekommen hat. Keiner ist leer ausgegangen. Und wie das in der Familie so ist, sind die einen zufrieden, die anderen ziehen ein langes Gesicht, weil sie nicht das erhalten haben, was sie sich gewünscht haben.

Bei Familie Rebling ist die Festfreude deshalb heute etwas gedämpft. Jeder hat sein Päckchen in Empfang genommen. Die kleine Marlene sitzt auf dem Sessel und schaut sich alles an, was auf ihrem Gabentisch gelegen hat. Die Eltern haben sich nicht lumpen lassen und haben ihr eine Armbanduhr geschenkt. Auch der große Bruder, der sein Schwesterchen liebt, hat ihr eine wunderschöne CD geschenkt. Aber natürlich hat Oma alle mit ihrem Handy übertroffen. So ist es nun einmal bei den Omas. Zu gerne verwöhnen sie ihre Enkel. Den letzten Pfennig würden sie für sie opfern. Ein Päckchen ist auch von der Patentante dabei. Marlene schnürt es auf und legt es, ohne ein Wort zu sagen, wieder beiseite.

Am ersten Feiertag nach dem Kirchgang ruft Marlene ihre Patentante an, um sich bei ihr zu bedanken. Das gehört sich so. „Guten Morgen, Tante Ursel!“

„Na, mein Marlenchen, habt ihr auch schön gefeiert?“

„Ja, Tante Ursel, und ich möchte mich ganz herzlich für dein Geschenk bedanken."

„Aber Kind, das war doch nicht der Rede wert", hört man ihre etwas gönnerhafte, angeberische Stimme. „So viel war das Geschenk doch gar nicht wert."

„Das hat meine Mutter auch gesagt, aber ich wollte trotzdem anrufen und mich bedanken."

Am anderen Ende der Leitung bleiben Tante Ursel die Worte im Halse stecken, und sie legt den Hörer schnell auf.

Was brauchen wir zu Weihnachten?

Ziemlich in der Mitte des Stadtbusses der Linie 17 saß eine recht korpulente Frau. Mir ihren Taschen und Tüten beanspruchte sie gleich zwei Sitzplätze. Ihr Redeschwall drang bis in die hinterste Reihe. „Nein, für mich gibt es kein Weihnachten. Ich würde es am liebsten verschlafen, hätte ich nicht meinen kleinen Enkelsohn. David wartet jetzt schon auf sein süßes Paket von der Oma. Dafür habe ich im Edeka-Laden eingekauft. Viel ist es ja nicht“, meinte sie achselzuckend, „aber immerhin soll der kleine Kerl seine Freude haben.“

Die Zahl der prall gefüllten Tüten ließ auf etwas anderes schließen. Aber dann legte sie los und erklärte lautstark allen Mitreisenden, was ihrer Meinung nach zu einem richtigen Weihnachtsfest nötig wäre. Es sei jammerschade, dass ihre Rente so gering sei, dass sie sich all die Köstlichkeiten gar nicht leisten könne. Und doch dürfte die knusprig gebratene Gans, mit Äpfeln gefüllt, und der Dresdener Christstollen nicht fehlen. Die Dame sprach so laut, dass sich keiner ihrem Geplapper entziehen konnte. Der ältere Herr mit dem faltigen Gesicht und der Fellmütze auf dem Kopf legte seine Zeitung beiseite. Aufmerksam, ja geradezu nachdenklich schaute er zu diesem Fahrgast hinüber. Er wollte ihr schon etwas entgegnen, zog es aber dann doch vor zu schweigen. An der nächsten Haltestelle stieg er mit mir aus. Ich hatte dies erst gar nicht bemerkt, aber plötzlich fragte er mich mit seiner etwas tiefen, heiseren Stimme: „Sind Sie auch der Meinung wie diese Frau im Bus, oder müssen Sie darüber lachen wie einige der Fahrgäste? Mich macht ein solches Geschwätz traurig, richtig traurig. Mir ist nicht nach Lachen zumute. Seit vier Jahren weiß ich, dass Weihnachten ein frohes Fest ist."

Ich wandte mich dem Herrn zu, der jetzt ganz nah an meiner Seite ging. „Den Redefluss der Frau kann man ja nicht ernst nehmen, ich jedenfalls nicht. Nein, wie man nur so daherplappern kann", sagte ich. „Mir ist Weihnachten wichtig. Ich würde jedes Jahr Christfest feiern, auch wenn die Kinder nicht da wären, es keine Geschenke gäbe und wir uns nichts Besonderes zum Essen leisten könnten. Ich bin schon mit ein paar Kerzen, einer beheizten Stube und einem kleinen Tannenbäumchen zufrieden."

„Und wenn Sie auch auf diese Dinge verzichten müssten, Ihre Stube kalt bliebe und Sie keine Zweige zum Schmuck hätten, was wäre dann? Darf ich Ihnen erzählen, wie ich vor vier Jahren Weihnachten erlebt habe? Das wäre die Antwort auf die gestellte Frage, was wir denn brauchen, um richtig Weihnachten zu feiern."

Die tiefe, heisere Stimme redete sehr eindringlich. Es war gut, dass ich mir sein Gesicht im Bus gut eingeprägt hatte. Ich konnte mir jetzt seine ernsten, dunklen Augen vorstellen und verstand seine Worte besser.

„Ich will keinem die Festfreude verderben, und vielleicht hat jeder von uns für das Weihnachtsessen etwas besorgt und die Geschenke eingekauft. Aber immer wieder muss ich an Weihnachten 1946 denken. Es war wohl eines der armseligsten Feste. Ich war gerade erst aus der Gefangenschaft heimgekehrt, ausgemergelt und fast verhungert. Ich hatte niemanden, der mich hätte erwarten können. Meine Frau war schon während des Krieges an einer heimtückischen Krankheit verstorben. Es war nur gut, dass mir ein Kamerad sein Ferienhäuschen in der Heide zur Verfügung gestellt hatte. So fand ich wenigstens eine Unterkunft. Früher war ich Handelsvertreter einer großen Firma im Ausland. Maschinen haben wir an den Mann gebracht. Aber nun war ich arbeitslos. Es gab nichts zu kaufen und auch nichts zu verkaufen. Da ich im Umgang mit Menschen gewandt war, sprach sich dies herum, und die Leute suchten mich auf, damit ich ihnen ihre Formulare und Fragebögen ausfüllte. Wir hatten besonders viele Umsiedler aus Bessarabien und aus der Dobrutscha, die meine Hilfe brauchten. So versuchte ich ihnen beizustehen. Die Kreisstadt lag weit ab, wo sie bei den Behörden hätten Rat einholen können. So kamen sie gerne zu mir. Ich schrieb Eingaben und Gesuche und wurde so eine Art Armenanwalt für die Flüchtlinge. Auch die Bauern des Dorfes suchten mich auf, wenn sie sich mit Formularen herumschlagen mussten. Dafür gaben sie mir ein paar Lebensmittel: eine Wurst, ein paar Eier, einen kleinen Sack Kartoffeln oder eine Kanne Milch. So kam ich ganz gut durchs Leben. Blieben die Bauern weg, dann musste ich allerdings ein kümmerliches Dasein fristen.

Als das Weihnachtsfest nahte, überlegte ich, ob ich zu meinen Geschwistern fahren sollte. Aber ob ich bei ihnen willkommen gewesen wäre, das wusste ich nicht. Außerdem habe ich ja schon früher allein unter dem Tannenbaum sitzen müssen, seit meine Frau so plötzlich gestorben war. Zum Sattessen reichten mir meine Vorräte in der Kammer, und die Kerzen wollte ich mir lieber aufheben, wenn wieder einmal der Strom abgeschaltet würde. In meinem ganzen Leben war ich noch nie sentimental gewesen. Das Leben geht weiter, auch ohne Engelchen, Lametta, Weihnachtskugeln und Kerzen.

So traf ich die Entscheidung, an Heiligabend einen Gang durchs Dorf zu unternehmen. Es hat mich schon von jeher gefreut, die erleuchteten Fenster der Menschen zu sehen. Endlich musste nicht mehr alles verdunkelt werden. Und wenn dann noch ein paar Kinder unter dem Tannenbaum zu entdecken waren, erfüllte mich dies mit Freude. So würde auch ein Strahl des Weihnachtsglücks auf mich fallen. Ins Bett würde ich zeitig gehen, denn es war nicht geraten, zu viel Holz im Ofen zu verbrennen. Ich liebte es, dann mit einem Buch in der Hand in den Kissen zu liegen. Ein Stündchen würde ich mir mit Lesen vertreiben. Außerdem hatte ich etwas Schwarzen Tee geschenkt bekommen. Ein oder zwei Tassen würden mir gut tun und mich von innen her erwärmen. Traurig oder sogar verbittert wollte ich nicht die Heilige Nacht verbringen, auch wenn ich ganz allein war und auf kein freudiges Ereignis hoffen konnte. Noch nicht einmal der Ärger mit dem verrußten Ofen konnte mich aus dem Gleichgewicht bringen. Er qualmte schrecklich, und das hing wohl mit der Windrichtung oder mit dem zu frischen Holz zusammen. Ich vermochte es nicht genau zu sagen. Es war in diesem Nachkriegswinter nicht leicht, an Holz heranzukommen. Die Bauern hatten hinter der Scheune stapelweise die Buchenscheite liegen. Aber selten gaben sie gern etwas davon ab. Manchmal fragte ich mich zu Recht, wie sie es denn fertig brächten, Familien mit kleinen Kindern in der kalten Stube sitzen zu lassen, während sie große Wälder besaßen. Wenn ich für sie arbeitete, gaben sie mir lieber ein Stück Speck als Brennholz. Gewiss, ich hatte an dem Nachmittag schon kräftig auf sie geschimpft und sie Geizhälse genannt, aber mein Ärger war wieder verflogen. Die Stimmung wollte ich mir von diesen habgierigen Zeitgenossen nicht verderben lassen. Das Teewasser kochte trotz des rußigen und qualmenden Herdes. Mehr brauchte ich heute nicht zu meinem Glück. Jetzt würde ich den Tee trinken und dann nichts mehr aufs Feuer legen. Damit ich in der frostklaren Nacht nicht zu frieren brauchte, würde ich mir meinen alten Soldatenmantel auf das Deckbett legen. Dann könnte mir die Kälte nichts anhaben.

Aber zunächst wollte ich einen Gang durchs Dorf machen. Schnee, so zart und weich wie Puderzucker, fiel vom Himmel und verzauberte die Landschaft. Es war, als wollte der Himmel seinen Reichtum auf unsere so elende, vom Krieg zerbombte Erde ausschütten und uns für wenige Tage all das Leid und die Not vergessen lassen. Ich stapfte durch die winterliche Landschaft an den Höfen vorbei. Überall hinter den Fenstern leuchteten die Kerzen am Tannenbaum auf. Sogar in den Stuben der Knechte und Mägde wurde es hell. Ich wunderte mich. Dachte denn keiner daran, dass schon morgen Abend eine Stromsperre uns ins Dunkel versetzen könnte? Die schreckliche Kälte hatte etwas nachgelassen. Die Temperaturen waren gestiegen. Das bewog mich, meinen Spaziergang weiter auszudehnen. Wunderbar lag der Wald im Schneegestöber vor mir. Er reichte bis ins Tal des kleinen Flusses hinunter. Jedes Heidehaus, das verstreut in der Landschaft lag, erstrahlte in seinem Glanz. Als ich dem Flusstal näher kam, fiel mir auf, dass sogar das Fenster des letzten kleinen Holzhäuschens, versteckt in der Nähe des Waldes, erleuchtet war. Ich hatte gehört, dass dieses Haus einem Arzt gehörte. Er war zwar in unserem Dorf polizeilich gemeldet, aber meist war er auf Reisen unterwegs. Man erzählte sich, dass der Doktor auf schreckliche, brutale Weise seine Frau im Krieg verloren habe. Seitdem sei er unstet und flüchtig, ja, er führe das Leben eines Einsiedlers.

Ich pirschte mich vorsichtig durch den Schnee an das kleine Häuschen heran und schaute, obwohl ich dies sonst missbilligen würde, durch ein Fenster ins Innere. Hier in dieser Stube erinnerte nichts, aber auch rein gar nichts an Weihnachten. Kein Tannenbaum war aufgestellt, und keine Kerzen leuchteten. Gewiss, bei mir sah es auch nicht viel anders aus. Mich packte in diesem Augenblick ein grenzenloses Mitgefühl mit dem alten, dunkelhaarigen Herrn. Er saß wie gelähmt vor dem Ofen, rührte sich nicht und starrte nur in die Flammen. Es schien so, als habe er rund um sich herum alles vergessen. Plötzlich war mir klar, ich müsste mich um diesen Menschen kümmern. Woher diese Regung kam, hätte ich gar nicht sagen können. Ich handelte sehr spontan und wusste, jetzt müsste ich für den Alten sorgen. Ich lief, so schnell mich meine Füße tragen konnten, ins Dorf zurück. Aus meinem Zimmer holte ich Kerzen, die Teedose und eine Tüte Zucker. Ach, wie schön wäre es, wenn ich jetzt auch noch etwas Kuchen hätte. Ich habe in meinem Leben noch nie gebettelt, aber an diesem Heiligabend klopfte ich an das Fenster eines Bauern, den ich gut kannte. Ich hatte es schrecklich eilig. Wahrscheinlich waren die Bauersleute über mein Verhalten etwas bestürzt. Misstrauisch schaute mich die Bäuerin von der Seite an. Sie vernahm meine Bitte und wird es mir wohl kaum abgenommen haben, dass ich für einen einsamen, älteren Herrn Kuchen brauchte, um ihm eine Weihnachtsfreude zu bereiten. Ich wollte ihr den Kuchen auch gleich bezahlen. Erst sprach sie im Flüsterton mit ihrem Mann und dann mit ihrer heranwachsenden Tochter. Aber schließlich brachte sie mir ein richtig großes Paket, in dem der Kuchen verstaut war. Es war doch Heiligabend, da konnte sie mich nicht einfach abweisen. Mit schnellen Schritten zog ich froh davon. Ich hatte alles, was ich brauchte.

Als ich das Ferienhaus erreicht hatte, verriet mir ein flüchtiger Blick durchs Fenster, dass der Doktor immer noch vor dem Ofen saß und ins Feuer starrte. Ich öffnete die Tür und trat ohne anzuklopfen in die Stube. Der alte Herr war aufgestanden und blickte durchs Fenster in die Ferne. Dabei sagte er: ‚Hier in der Abgeschiedenheit ist wenigstens kein Weihnachten, wenn ich von der schneebedeckten Landschaft absehe, die ja in den Weihnachtsliedern eine Rolle spielt. Ich denke an *Leise rieselt der Schnee*, das wir immer zu Hause gesungen haben. Von meinem Häuschen aus kann man nicht ein einziges von Kerzen erleuchtetes Fenster erblicken, und einen Tannenbaum schon gar nicht. Es dringen auch keine weihnachtlichen Melodien bis zu mir herüber, und doch lässt mich Weihnachten nicht los. Ständig bin ich am Grübeln, was denn damals in Bethlehem geschehen ist.‘

Einen Augenblick schwieg er und dann fuhr er fort: ‚Vielleicht ist es ganz gut, dass Sie gekommen sind. Ich gehe jetzt in die Küche und koche den Kaffee. Wollen Sie nicht schon mal von meinem Kuchen probieren, und ich nehme mir ein Stück von Ihrem Gebäck? Ihre Kerzen brauchen Sie erst gar nicht auszupacken. In meiner Schublade liegen recht viele davon.‘

Mir war gar nicht klar, wie ich mein Verhalten vor diesem Fremden hätte entschuldigen können. Ernst und etwas erschrocken schaute er mir ins Gesicht. Ich wurde ganz verlegen. Aber dann riss ich mich zusammen und sagte offen und ehrlich, wie ich ihn durch die Scheibe beobachtet und er mir Leid getan habe. Ich sei gekommen, um zusammen mit ihm Weihnachten zu feiern. Ich sei ja selbst so ein einsamer Kerl. Wir könnten doch zusammen eine Tasse Tee trinken und Kuchen essen. Dabei stellte ich meine Gaben auf seinen Tisch.

‚Ach, warum haben Sie das getan? Sie hätten sich nicht so um mich bemühen müssen. Eigentlich fehlt mir nichts. Kaffee und Milch stehen im Schrank, und die Zigaretten liegen auf dem kleinen Tischchen. Außerdem hat mir meine Schwester sogar Kuchen geschickt, bei der ich eigentlich über die Feiertage eingeladen war. So wie meine Schwester Weihnachten feiert, ist es mir zu gefühlsbetont. Selten verbringe ich meine Zeit in diesem von der Welt abgeschiedenen Dorf. Aber heute bin ich extra hierher geflüchtet.'

Seine Küche war gut ausgestattet. Dann saßen wir zusammen, tranken Kaffee und aßen sogar Schokolade und Pudding. Man bedenke, Bohnenkaffee zur damaligen Zeit! Es wurde nur noch über Weihnachten und seine ursprüngliche Bedeutung gesprochen. Keiner kann Weihnachen aus dem Wege gehen oder ihm entfliehen. Weihnachten ist ein Fest, das auf der Tatsache beruht, dass Christus in Bethlehem geboren ist, damit kein Mensch einsam, verlassen, unglücklich und verzweifelt sein muss. Jesus ist der Gottessohn. Sein Kommen will in das Leben von uns Menschen Frieden bringen. Und dann gingen die Gedanken von uns beiden zurück in unsere Kindheit, wo wir Weihnachten gefeiert haben. Erinnerungen an dieses große Fest wurden ausgetauscht und Gedichte aufgesagt. Wir brachten es sogar noch fertig, das Gedicht von Storm ‚Von drauß' vom Walde komm ich her' zu zitieren. Am eindrucksvollsten aber blieb uns die Weihnachtsgeschichte, in der es heißt: ‚Ehre sei Gott in der Höhe und Friede auf Erden und den Menschen ein Wohlgefallen.' Ganz genau konnte sich der Arzt an den Bericht von Lukas 2 erinnern, und wir spürten etwas von der Macht des Friedens, der sich auf unser Leben senkte.

Und dann erinnerte ich mich, wie wir in einem Berggasthof im Erzgebirge einmal eingeschneit waren. Auf meinem Bett saß meine Großmutter. Es war so ihre Art, mir kleinem Buben immer vor dem Einschlafen noch eine kleine Geschichte zu erzählen. In der Adventszeit gab es noch eine Zugabe, nämlich das Weihnachtsevangelium. Immer vermochte sie aus einer anderen Perspektive zu berichten: mal aus der Sicht von Joseph und Maria, mal aus der Perspektive der Hirten und mal der Schafe auf der Weide. Und dann machte ich noch den Vorschlag, ob wir vielleicht diese Geschichte aus unserem Gedächtnis hervorholen und sprechen könnten. Ja, es gelang uns, wenn auch nicht gleich auf Anhieb. Aber gelernt ist gelernt, musste ich denken. Mein Gastgeber hatte seine Hände gefaltet auf den Knien liegen, und zwischen uns wurde es plötzlich ganz still. Er schaute in das Licht der Kerzen, die nun schon herabgebrannt waren. Dann aber erhob er sich und sagte: ‚Es ist spät. Ich gehe noch ein Stück des Wegs mit Ihnen bis ins Dorf.'

Die Nacht war sternenklar. Es hatte mit Schneien aufgehört. Auch auf unserem Heimweg schwiegen wir. Als wir die mächtigen Eichen des Bauernhofs erreicht hatten, drückte mir mein Begleiter ganz fest die Hand. ‚Ich will hier umkehren und will Ihnen noch danken, dass es bei mir doch noch Weihnachten werden durfte. Sie haben mir sehr wohl getan. Das ist wahre Weihnacht: Gott hat uns seine Liebe gezeigt. Und Sie haben es mir mit Ihrem Besuch leichter gemacht, dies zu sehen. Danke! Danke!‘ Dann kehrte der Doktor auf dem Wege um und verschwand im Dunkel der Nacht.“

Diese Geschichte ist Ehrenfried Keller aus dem Buch „Die Nacht von Bethlehem“ nacherzählt.

Der Bruder von der Landstraße

Es ist in der Vorweihnachtszeit, und ich befinde mich auf einer Vortragsreise nach Mecklenburg-Vorpommern. Mit zwei bleischweren Koffern stehe ich am Hauptbahnhof in Hamburg und warte auf den Intercity, der von Prag nach Kopenhagen fährt. Mein Gepäck macht mir Sorgen. Werde ich es in den Zug hieven können? Meine Bedenken sind berechtigt, denn die Bücher sind wahrlich nicht leicht. Neben mir steht ein Tippelbruder und trinkt gerade seine Bierflasche leer.

„Könnten Sie mir behilflich sein?", gehe ich auf ihn zu.

„Na klar, das mache ich sogar sehr gern für Sie." Freundlich schaut mich der junge Mann dabei an. Seine Arme sind doppelt so stark wie meine, und er sieht kräftig aus.

„Ich steige ein, und Sie reichen mir mein Gepäck an", bitte ich ihn.

Alles klappt bestens, befreit atme ich auf und lasse mich in die roten Polster fallen. Mein freundlicher Helfer sitzt mir gegenüber. Er beginnt auch sofort ein Gespräch.

„Sind Sie von der Kirche?"

„Wie kommen Sie auf diese Frage?", möchte ich gerne wissen.

„Na, Sie scheinen ja ein großes Gottvertrauen zu besitzen. Sie überlassen mir Ihre Koffer auf dem Bahnsteig und steigen in den Zug. Ich hätte doch auch mit Ihrem Gepäck abhauen können."

„Nein, das hätten Sie nicht getan", zwinkere ich

ihm zu. „Aber ein starkes Vertrauen zu Gott habe ich. Darin haben Sie Recht. Und übrigens, wenn Sie mit den Koffern das Weite gesucht hätten, würde ich denken, dass Sie ihren Inhalt nötiger brauchen als ich. Sie enthalten nämlich lauter christliche Bücher. So hätten Sie etwas über Gott lesen können."

„Ja, an Gott glaube ich auch, aber wenn ich doch nur genau wissen könnte, wer er ist", kommt es etwas gequält aus seinem Mund.

Nun bin ich herausgefordert, über meinen Glauben zu reden. Mit großer Freude sprudeln mir die Worte über meine Lippen: „Gott ist unser Schöpfer. Sie und ich kommen aus seiner wunderbaren Hand. Er hat uns geschaffen. Ihr Leben ist wertvoll bei ihm geachtet. Jesus, seinen einzigen Sohn, hat er gesandt, damit Sie und ich mit dem Vater im Himmel versöhnt leben können und wir in den Himmel kommen. Bald feiern wir Weihnachten. Da hat Jesus bewiesen, wie viel wir ihm bedeuten. Für uns verließ der Gottessohn den Himmel und wurde uns zugut Mensch, arm und in einer Krippe geboren. Sie sind Jesus sehr wertvoll."

Etwas skeptisch schaut mich mein Helfer an. „Ja, es ist wahr, Sie sind wertvoll bei Gott!", wiederhole ich in bestimmtem Ton.

Bei diesem Satz steht mein Gegenüber auf, tritt ganz nah an mich heran, nimmt meine Hand in die seine und drückt sie ganz fest. Gottes Liebe hat sein Herz erreicht. Dann aber erzähle ich ihm die schönsten Geschichten spannend und anschaulich aus der Bibel, die Jesus als Erretter und Erlöser für uns Menschen darstellen.

Im voll besetzten Abteil legen die Reisenden ihr Rätselheft oder ihre Illustrierte beiseite und stellen den Kaffee auf das Abstellbrett. Sie hören alle zu.

Dann öffne ich meinen Koffer und verteile einige Bücher und Schriften an meine Reisebegleiter.

Leid tut es mir nur, dass der Kaffee über dem Erzählen in den Bechern kalt geworden ist.

Noch lange aber bewegt mich ein Wort von Martin Luther: Wer einen armen, elenden Menschen glücklich macht, hat mehr als ein Königreich gewonnen.

Im fröhlichen Gespräch über unseren himmlischen Vater fahren wir beide weiter Richtung Norden nach Schwerin.

Gott ist Liebe

Zu Weihnachten strahlte der Evangeliumsrundfunk ein Interview mit der ehemaligen Oberin des Diakonissenmutterhauses Hensoltshöhe Schwester Barbara Oehmichen aus. Es ist eine bewegende Geschichte. Gott hat sie wertgeachtet, geliebt, wunderbar geführt, sie in Gefahren bewahrt und in seinen Dienst als Diakonisse gerufen. Da ich seit vielen Jahren Schwester Barbara kenne, war mir ihr Zeugnis ein besonderes Geschenk. Ihr Leben ist mir ein Beweis der großen Liebe Gottes.

Sie berichtet:

Jeder Tag ist voller Erlebnisse von Gottes Güte, Liebe und Barmherzigkeit.

Ich wusste es nicht ...

„Der Herr war an dieser Stätte, und ich wusste es nicht!“, rief Jakob auf der Flucht vor seinem Bruder Esau aus (1. Mose 28,16). Ähnlich geht es mir, wenn ich auf mein Leben zurückschaue. Ich wusste nicht, dass Gott es war, der schon in meinem frühen Leben begann, an mir zu wirken, und der mich bereiten wollte als ein Werkzeug in seiner Hand. Ich wusste nicht, dass Gott es war, der mir eine geborgene, glückliche Kindheit bereitete – gleichsam als eine wichtige Mitgift, als ein gesundes Fundament für mein Leben.

Meine Kinderzeit erlebte ich in einem harmonischen, intakten Elternhaus zusammen mit fünf älteren Brüdern. Mutter betete jeden Abend mit uns. Ich besuchte den Kindergottesdienst und war bis zu meiner Konfirmation auch eine regelmäßige Kirchgängerin, aber zum lebendigen Glauben an Jesus bin ich damals nicht durchgebrochen. Dass bei uns immer etwas los war, kann sich jeder vorstellen. Bis zum 15. Lebensjahr haderte ich allerdings mit Gott, weil ich „nur“ ein Mädchen war, und kompensierte diese Tatsache mit besonderer Wildheit. Ich höre noch heute meine Mutter seufzen und sagen: „Kind, mit dir habe ich mehr Ärger als mit den fünf Buben zusammen!“ Dass bei allem Toben und Klettern nicht mehr passiert ist, habe ich der bewahrenden Hand meines Gottes zu danken. Ich sollte nicht auf Bäume klettern, bekam auch kein Fahrrad und sollte nicht so herumtoben, sondern immer anständig dasitzen, wie es sich für Mädchen gehörte.

Aber später söhnte ich mich mit meinem Los aus. Das habe ich meinem Vater zu verdanken. Als ich 15 Jahre alt war, sagte er eines Tages zu mir: „Barbara, ab heute läufst du rechts von mir und ich links.“ Dadurch hat mir mein Vater den Wert des Frauseins vermittelt. Er war ein Kavalier alter Schule.

Ich wusste nicht, dass schon 1932 Gottes Anruf an unsere Familie erging, als wir durch einen wirtschaftlichen Zusammenbruch in Deutschland in große Not gerieten. Da galt es, das Sparen zu lernen und dazu noch Schmähungen und Enttäuschungen durch Menschen zu ertragen. Urlaubsreisen oder besondere Vergnügungen blieben uns versagt. Sicher wollte uns Gott in seine Abhängigkeit bekommen. Aber ich wusste nicht, dass es Gott war, und verstand ihn damals noch nicht.

Nein, ich wusste auch dies nicht, dass schon 1939

die besondere Zubereitung Gottes für meinen Dienst in der Diakonie begann.

1939 – Ausbruch des Zweiten Weltkriegs – Bombennächte mit Todesgefahr – erste Meldungen: „Fürs Vaterland gefallen!" – Große Einsamkeit überkam mich, als auch der letzte Bruder eingezogen wurde und dann an die Front kam. Ich selbst erhielt nach dem Schulabschluss die Einberufung in den RAD (Reichsarbeitsdienst). Ich habe dort sehr viel gelernt: Schaf- und Schweinehaltung, Melken – natürlich mit der Hand –, Kochen in der Großküche, Garten- und Gemüsebau, Feldarbeit. Ich weiß um das selige Gefühl, das einen überkommt, wenn man unter dem Feierabendgeläut mit der Hacke oder dem Rechen über der Schulter müde über ein abgeerntetes Feld heimwärts zieht. Ich habe in dieser Zeit auch gelernt, mich in eine Gruppe einzuordnen und pünktlich und verlässlich zu sein. Das hat mir besonders geholfen, als ich ins Diakonissenmutterhaus eintrat.

Ich wusste nicht, dass Gott einen Heilsplan für jeden Menschen hat und dass er diesen Plan in Treue durchführt, auch wenn der Mensch sich sträubt, Gottes Wege mitzugehen. Ich sehe noch heute die traurigen Augen meiner Eltern, als ich ihnen mein Vorhaben, aus der Kirche auszutreten, unterbreitete. Doch bevor ich diesen Schritt tun konnte, zerbrachen im allgemeinen Zusammenbruch Deutschlands auch meine Ideale.

Ich war doch Kind meiner Zeit und glaubte daran, dass Deutschland den Krieg noch gewinnen würde. Jeder sprach von der Wunderwaffe V1. Auf ihren Einsatz warteten wir alle sehnsüchtig. Wenn es eine V1 gab, dann gab es auch eine V2 und V3. Der Endsieg war uns doch sicher. Aber dann kam alles ganz anders.

Mein bisheriger Lebensinhalt wurde mir fragwürdig. Ich verlor mein Elternhaus durch Totalbombenschaden und damit meine Heimat. Meine Angehörigen wurden in alle Winde zerstreut, ich hatte keine Nachricht von ihnen. So stand ich mutterseelenallein in der Welt da.

Damals hatte mich das Schicksal nach Marienberg im Osterzgebirge verschlagen. Dort erlebte ich den Zusammenbruch des Dritten Reiches. Vom Osten kamen die russischen Panzer angerollt. Der Kanonendonner hörte überhaupt nicht mehr auf.

Nein, ich wusste nicht, dass Gott es war, der mich wunderbar bewahrte – auf der Flucht, immer zwei Stunden vor der feindlichen Front her, im Internierungslager, wo wir schrecklich hungerten, auf der erneuten Flucht. Welch entsetzliche Erlebnisse auf den Straßen! Welch schreckliche Leere und Hoffnungslosigkeit im Herzen!

Wir hofften, die Amerikaner würden bis zur Oder-Neiße-Linie vordringen; aber diese Gerüchte erwiesen sich als unwahr. Ich floh, kurz bevor die Russen in Marienberg einzogen. Aber ich erreichte den Westen zunächst nicht. Mir wurde der Übergang zu den Amerikanern nicht genehmigt, und so musste ich wieder zurück nach Marienberg. Dort sind mir schreckliche Erlebnisse mit den russischen Soldaten widerfahren, aber ich habe auch viel Bewahrung erlebt. Damals fing ich nach langer Zeit wieder an zu beten. Zwei Russen drangen in mein Zimmer ein, das ich mit noch einer Kameradin teilte. Sie verriegelten hinter sich die Tür, und wir wussten sofort, was uns jetzt blühte. Ich schrie zu Gott, und plötzlich hörten wir vor unserer Tür zwei Frauen russisch sprechen. Es waren Ostarbeiterinnen aus Sewastopol. Das war die gleiche Stadt, in der auch die beiden

Soldaten wohnten. Die beiden Männer rissen die Tür wieder auf, zogen die zwei Frauen herein, und wir flüchteten, so schnell uns unsere Füße tragen konnten. So sind wir bewahrt geblieben. Gott hatte mein Schreien erhört.

Im Juni verbreitete sich die Kunde, dass Sachsen und Thüringen, Gebiete, die zum großen Teil schon von den Alliierten besetzt waren, den Russen zufallen sollten. Damals herrschte ein großes Durcheinander. Diesen Wirrwarr nutzte ich, um mich mit dem Fahrrad in den Westen durchzuschlagen. Ich hatte erfahren, dass meine Mutter in Hof sei, und so zog es mich nach Bayern. Mühevoll war mein Weg. Gott hatte mich auch hier bewahrt.

Ich wusste nicht, dass Gott mit mir war und mich führte. In all den Wirren fand ich meine Mutter und damit auch ein Zuhause und einen Arbeitsplatz. Die Freude der Begegnung mit meiner lieben Mutter ist nicht zu beschreiben.

Als ich eines Morgens in den Betrieb rannte, kam ich an einem alten Mann mit Bart vorbei. Müde lehnte er an einem Geländer. Ich griff in meine Tasche und wollte dem armen Alten etwas geben und hatte doch nur eine Schnitte für den ganzen Tag. So eilte ich weiter. Da traf mich die Stimme des Mannes wie ein Keulenschlag: „Kind, erkennst du deinen Vater nicht mehr?“ Mein Vater? Ausgemergelt, abgerissen kehrte er aus der Gefangenschaft heim. Nacheinander fand unsere Familie wieder zusammen, elend, schwer kriegsbeschädigt, aber wir hatten einander wieder bis auf einen Bruder, der draußen in der fremden Erde ruht.

Nein, noch wusste ich nicht, dass Gott es war, der uns in seiner grenzenlosen Liebe und in großer Treue geführt hat und nun weiterführte. Auf der Suche nach einer kirchlichen Gemeinde stießen wir auf die Landeskirchliche Gemeinschaft, wo gerade eine Evangelisation stattfand. Zum ersten Male begegnete ich Hensoltshöher Diakonissen, die mich zur Osterkonferenz nach Gunzenhausen einluden. Es war 1948, als ich dort die Wende meines Lebens erfuhr. Bisher hatte ich nichts über meine Stellung Gott gegenüber gewusst, nun aber gewann ich ein Wissen, das zunächst erschütternd und sehr schmerzhaft für mich war: nämlich das Wissen nach Römer 7,18: „In mir, das ist in meinem Fleische, wohnt nichts Gutes." Ich erkannte, wer ich vor Gott war. Zugleich gewann ich ein beglückendes Wissen, nämlich nach Hiob 19,25: „Ich weiß, dass mein Erlöser lebt!" Nach Bereinigung aller erkannter Schuld fand ich Freude und Frieden. Nun wusste ich, wer von frühester Kindheit an in Liebe und Fürsorge über meinem Leben gewaltet hatte und noch waltete. Das allerdings wusste ich noch nicht – oder wollte es nicht so gern wissen – dass Gottes Gaben immer mit Aufgaben und Aufträgen verbunden sind. Als ich 1949 wieder zur Osterkonferenz fuhr, traf mich das Weihelied der Schwestern bis ins Innerste: „Das ist Seligkeit, wenn ein armes, armes Leben ist ihm (Gott) ganz geweiht."

Da wusste ich, was Gott von mir wollte, dass er mich für seinen Dienst ausgewählt hatte. Aber genau das wollte ich nicht. Ich hatte auch triftige Gründe für mein Nein. Erstens: Ich konnte kein Blut sehen – doch das wird von einer Diakonisse bestimmt erwartet. Zweitens: Ich war der alleinige Verdiener und Versorger unserer Familie – damit war ich absolut unabkömmlich. Das musste Gott doch einsehen. Aber die Unruhe in mir wuchs, und ich vertraute mich meiner Seelsorgerin an, die mir sagte: „Barbara, du denkst sehr klein von Gott. Traust du ihm nicht zu, dass er deine Angehörigen versorgen kann, wenn er dich in seinem Dienst haben will?" Zwei Tage später erhielt mein Vater einen Brief, in dem ihm mitgeteilt wurde, dass er bis zur völligen Klärung seiner Pensionsansprüche eine monatliche Ausgleichssumme bekäme. Diese betrug auf Heller und Pfennig genau mein Einkommen. Nun wusste ich es und wehrte mich doch noch gegen Gottes Ruf. Darüber wurde ich krank. Die Ärzte konnten nicht feststellen, was mir fehlte. Ich aber wusste sehr wohl, was die Ursache war: Ungehorsam. Bewusstes sich Wehren gegen Gottes Wege kann krank machen – physisch und psychisch! In jene Zeit hinein schenkte mir Gott das Wort aus Philipper 4,13: „Ich vermag alles, durch den, der mich mächtig macht, Christus!" Nun wusste ich, dass Gott mich persönlich in meiner Situation meinte. Ich nahm dieses Wort im Glauben, gleichsam als Stütze, und trat noch im selben Jahr kurz vor Weihnachten im Diakonissenmutterhaus ein.

Das war zunächst für meine Angehörigen ein unverständlicher, harter Schritt, besonders für meinen Vater. Es kostete ihn einen herben Kampf, den er in zwei Buchstaben ausdrückte, die er mit Bleistift unter seine Unterschrift setzte, mit der er seine Einwilligung gab: „s. H."

Gefragt, was sie bedeuteten, antwortete er: „Das sage ich allen, die danach fragen: ‚schweren Herzens' heißt das!" Aber das Herz blieb nicht lange schwer. Vater wurde ein stolzer Schwestern-Vater. Bei einem späteren Besuch im Mutterhaus bat er mich um Verzeihung, dass er mir den Abschied so schwer gemacht habe: „Du hast den besten Weg von uns allen eingeschlagen." Klar entschied er sich noch im Alter für

Jesus. Und so wurde aus dem „s. H." des „schweren Herzens" bald das „s. H." des „sicheren Hortes", den er bei Jesus fand. Und nach kurzer schwerer Krankheit erlebte er das „s. H." eines „seligen Heimganges". Auf seinem Sterbebett bekannte er: „Wir haben alles verloren, aber mit Christus alles gewonnen!"

Lehr- und Dienstjahre

Nun machte ich weitere Erfahrungen in der Nachfolge meines Herrn. Ich kam ins Mutterhaus mit dem Wort aus Römer 8,28: „Wir wissen aber, dass denen, die Gott lieben, alle Dinge zum Besten dienen." So wollte ich alles Erleben aus Gottes Hand nehmen. Ich freute mich über die große Schwesterngemeinschaft. Viel gab es zu lernen. Die erste Lektion war: „Ohne mich könnt ihr nichts tun." Das ging mir schwer ein. Menschliche Korrekturen setzten ein. Manche Arbeit wollte einfach nicht gelingen, obwohl ich sie eigentlich konnte. Gott machte mir klar: Weder dein Gelerntes noch dein Wissen, weder dein Stolz noch dein Selbstbewusstsein bringen etwas Bleibendes zuwege. Dir fehlt noch etwas ganz Entscheidendes: der stille Umgang mit Gott, das Hören auf sein Wort. Gott nimmt darum seine Werkzeuge beiseite. Das tat er bei mir des Öfteren durch Krankheiten und Unfälle. Ohne dieses stille Beiseitegenommensein, ohne diese Zucht des Geistes ist unser Dienst oberflächlich, theoretisch und fruchtlos. Wir müssen auf der Waage des Heiligtums gewogen und in der Gegenwart Gottes gemessen werden, ehe wir Jesus dienen können. Das musste ich erst lernen.

In der zweiten Lektion zeigte mir Gott durch sein Wort immer mehr, wer ich eigentlich bin. Es ist eine Grundbedingung, wenn wir in den Dienst Gottes treten wollen, dass wir in der Selbsterkenntnis wachsen müssen. Der erste Schritt zur Gotteserkenntnis ist Selbsterkenntnis. Gott kann uns nicht mit unserer eigenen Kraft gebrauchen.

Wie hatte Gott es bei Mose gemacht? 40 Jahre lang hatte Mose gelernt, am Hofe Pharaos eine herausragende Stellung einzunehmen. Dann aber diente er 40 Jahre als Hirte in der Wüste bei den Schafen. Fast bedeutungslos war sein Leben geworden. Dann aber berief ihn Gott. Der Herr beruft anders, als es bei Menschen üblich ist, damit sich kein Sterblicher vor ihm rühme. Auch das war keine leichte Lektion für mich.

Und die dritte Lektion bestand darin, dass mir Gott immer wieder ein neues Ja zu seinen Führungen abverlangte. „Sag ja zu Gottes Wegen, Gottes Wege sind immer gut.“ Dieses Lied singt sich leicht und schwungvoll. Aber wir brauchen viel Vertrauen und Gehorsam Gott gegenüber, um in diesem Ja zu bleiben, das unser Leben reich machen will.

Nach der Grundausbildung im Mutterhaus, die ich gleichsam wie eine sorglose Kinderzeit erlebte, folgten harte Lehrjahre. Aber wie offenbarte sich Gott darin immer wieder mit seiner Kraft und Hilfe!

Zunächst legte ich die Prüfung als Volksschullehrerin ab. Dann folgte noch das Studium der Germanistik, das ich mit dem Examen zur Realschullehrerin abschloss. „Ohne mich könnt ihr nichts tun“ – das wusste ich inzwischen. Aber mein Berufungswort lautete ja: „Ich vermag alles, durch den, der mich mächtig macht, Christus.“ (Philipper 4,13) Christus trug mich immer wieder durch alle Engpässe hindurch.

Nur ein Beispiel:

Für das Studium hatte ich sechs Jahre Latein nachzuholen. Wir zwei Schwestern, die wir zusammen in der Ausbildung waren, hatten dazu nur ein halbes Jahr Zeit. Das war eine entsetzliche Paukerei! Manchmal wollte uns der Mut sinken. Hier erlebten wir auch die Macht der Fürbitte unserer Schwestern. Unser damaliger Hausvater, Pfarrer Hellmuth, machte uns damit Mut, dass er uns zusicherte: Der Heilige Geist könne auch Latein. Das erlebten wir auf wunderbare Weise. Sowohl die schriftliche als auch die mündliche Prüfung waren von Gott so vorbereitet, dass wir auf geeigneten Wegen gingen und eine gute Prüfung ablegen konnten.

Die Jugend- und Gemeinschaftsarbeit zwischen 1956 und 1959 machte mir viel Freude. Wie erlebte ich immer wieder die Erfüllung der Zusage Jesu: „Euer Vater weiß, was ihr bedürfet."

In der ersten Bibelstunde z.B. war ich trotz des langen Eingangsliedes schon nach 25 Minuten fertig. Das war peinlich für mich. Und doch wissen einige Menschen heute noch, was ich ihnen in aller Kümmerlichkeit mitzugeben versuchte.

Das erste seelsorgerliche Gespräch endete damit, dass eine junge Frau sagte: „Ach, wenn Sie doch nicht so jung wären, dann würde ich jetzt meine Lebensbeichte ablegen."

Und wie hilflos stand ich einmal vor Eltern, die ihre einzige Tochter durch Herzschlag verloren hatten. Wie sollte ich trösten? Und Gott gab, was Not war. Und wie abhängig war ich von dem Blut Jesu Christi bei jenen Begebenheiten mit teuflisch Gebundenen, und wie zitterte ich oft über der Ahnung, was Hölle ist: Nämlich den Namen Jesu zu wissen, ihn aber nicht aussprechen zu können, sondern immer wieder fragen müssen: „Wie heißt er? Wie heißt er?"

1959 wurde ich ins Mutterhaus zurückgerufen, um dort als Probemeisterin bei der Ausbildung der jungen Schwestern mitzuhelfen. Viel Wissen hatte ich im Kopf. An psychologischen und pädagogischen

Kenntnissen mangelte es mir nicht. Da griff Gott besonders in mein Leben ein. Es war mir so, als würde Gott mir sagen: „Bisher hast du deine eigenen Gaben und Talente geschliffen, jetzt wollen wir diese einmal ganz beiseite setzen. Sie können dir nur wenig helfen zu dem Werk, dazu ich dich berufen habe."

Bei einer Arbeit, die ich zusammen mit den jungen Schwestern ausrichtete, stürzte ich von einer hohen Leiter und wurde mit mehreren Brüchen ins Krankenhaus eingeliefert. Zunächst wusste niemand, ob Gott mich zum Leben oder zum Sterben führen würde.

Man kann den natürlichen Menschen trainieren, so viel man will, er wird niemals ein geistlicher Mensch. Was vom Fleisch geboren ist, das ist Fleisch, und was vom Geist geboren ist, das ist Geist. Jetzt galt es für mich zu lernen, was ich in keiner Hochschule gelernt hatte. Gott ist der beste Lehrer. Wer aber in seine Schule gehen will, muss mit ihm allein sein.

Dort im Krankenhaus auf dem Schmerzenslager war es um mich ganz still geworden. Ich war nirgends nötig, alles ging ohne mich weiter, jedes Menschenlob verstummte. Keine armselige Kritik war hörbar, sondern nur Gottes Stimme. In aller Dunkelheit der Ungewissheit sah ich Gottes Licht, fühlte ich seine Gegenwart. In diese Abgeschiedenheit müssen wir gehen und dort bleiben und die Atmosphäre der Wüste atmen, wenn wir in unserem Dienst für Gott nüzlich sein wollen. Die Wüste sieht für jeden von uns anders aus. Aber wenn wir mit unserem Herrn in die Wüste gehen, gewinnen die Dinge dieser Welt das rechte Gewicht. Menschen und Sachen, Leben und Dienst, die Welt und ich selbst werden dort mit der himmlischen Waage gewogen, und ihr wirklicher Wert wird offenbar.

Nach meinem Unfall nahm ich den Dienst wieder ganz anders an und auf. Ich musste immer wieder fein Acht haben, dass ich nicht zu viel auf einmal tun wollte. Gott gebrauchte immer wieder neu meine körperlichen Grenzen, um mich in seiner Abhängigkeit zu halten.

Besondere Führungen und Erlebnisse? Nein, in meinem Leben liegt nichts Hervorstechendes. Und doch, jeder Tag will von Gott erfüllt und unter seinem Führen empfangen werden. Wenn das der Fall ist, dann erleben wir auch seine Güte, Liebe und Barmherzigkeit.

Rückblickend auf mein Leben muss ich bekennen, dass es mir herzlich Leid tat, wenn mein Wille mit Gottes Wille nicht übereinstimmte, denn „die Krone allen Dienens ist die unbedingte Hingabe des Willens an den, der die Aufgabe gestellt hat, und an die gestellte Aufgabe selbst", so sagt es Bezzel, der große Diakonissenvater von Neuendettelsau.

Eine Bitte habe ich immer wieder neu, dass ich in allen Lagen rechtzeitig erkennen möchte: Der Herr ist an dieser Stätte, Jesus ist da! Darauf können wir uns verlassen, dass der Herr ganz gewiss an jedem Ort ist, an den er uns hingestellt hat.

Das Weihnachtsevangelium

Es geschah aber in jenen Tagen, dass eine Verordnung von dem Kaiser Augustus ausging, dass in aller Welt eine Steuerschätzung durchgeführt würde. Dies war die allererste Steuerschätzung und sie geschah zu der Zeit, als Quirinius Stadthalter in Syrien war.

Und jedermann ging in seine Stadt, um sich schätzen zu lassen. Da machte sich auch Joseph von Nazareth in Galiläa auf den Weg. Er zog hinauf in das jüdische Land zur Stadt Davids, die Bethlehem heißt; denn er stammte aus dem Hause und Geschlecht Davids. Er wollte sich schätzen lassen mit Maria, seiner Verlobten, die schwanger war.

Als sie aber dort waren, erfüllten sich die Tage, dass sie gebären sollte.

Und sie gebar ihren erstgeborenen Sohn und wickelte ihn in Windeln und legte ihn in einer Krippe nieder, weil für sie kein Raum in der Herberge war.

Und es waren Hirten in derselben Gegend, die hielten in der Nacht Wache bei ihrer Herde.

Und ein Engel des Herrn trat zu ihnen, und die Herrlichkeit des Herrn umleuchtete sie, und sie fürchteten sich sehr.

Und der Engel sprach zu ihnen: „Fürchtet euch nicht! Siehe, ich verkündige euch große Freude, die allem Volk gelten wird. Denn für euch ist heute der Retter geboren. Er ist Christus, der Herr, in der Stadt Davids. Und dies soll euch ein Zeichen sein: Ihr werdet das kleine Kind finden, wie es in Windeln gewickelt in einer Krippe liegt."

Und sofort war bei den Engeln die Menge des himmlischen Heeres, die Gott lobten und sprachen:

„Ehre sei Gott in der Höhe und Friede auf der Erde bei den Menschen des Wohlgefallens."

Und es geschah, als die Engel von ihnen in den Himmel fortgingen, da sprachen die Hirten zueinander: „Lasst uns nun bis nach Bethlehem gehen und die Geschichte sehen, die geschehen ist, die uns der Herr kundgetan hat."

Und sie kamen eilends und fanden Maria und Joseph und das Kind, wie es in einer Krippe lag.

Als sie es aber gesehen hatten, machten sie das Wort bekannt, das ihnen von diesem Kind gesagt war. Und alle, die es hörten, waren erstaunt über das, was ihnen von den Hirten gesagt wurde.

Maria aber behielt alle diese Worte und bewegte sie in ihrem Herzen.

Und die Hirten kehrten um und priesen und lobten Gott über allem, was sie gehört und gesehen hatten, wie es zu ihnen gesagt worden war.

Lukas 2,1-20, übersetzt von Karl Heinz Bormuth.

Autorenadresse:
Lotte Bormuth
Sperberweg 8a
35043 Marburg
Telefon 06421/41347

Weitere Bücher von Lotte Bormuth

Staunen vor Glück
Bestell-Nr. 330 666
ISBN 3-86122-666-9
240 Seiten, gebunden

„Ihr seid ein Volk, das ausschließlich Gott gehört", spricht Mose den Israeliten im 5. Buch Mose zu.

„Ob uns da nicht ein Staunen überkommt, dass wir zu diesem Volk gehören dürfen, wenn wir in der Nachfolge Christi stehen? Gott lässt uns nie fallen, wie er auch Israel nie hat fallen lassen. Wen er einmal erwählt hat, den behält er auch im Auge. Die Liebe Gottes ist kein Urlaubsflirt, keine kurze Romanze, die auf einem christlichen Festival beginnt und dann ganz schnell wieder im Sande verläuft. Die Liebe Gottes ist unverbrüchlich, beständig, innig und tief."

Und dafür gibt es Beweise.
Lotte Bormuth hat sie gesammelt. In 60 kleinen Miniaturen, die in fröhlichen, intensiven und dramatischen Farben den Weg illustrieren, den Gott durch unser ganzes Leben mit uns geht. Lebensbilder, die uns staunen lassen über Gottes Liebe.

Das Besondere: zum Gelingen dieses „Jubiläumsprojektes" zum 70. Geburtstag von Lotte Bormuth haben Mitglieder ihrer Familie mit eigenen Texten beigetragen.

Liebe zählt immer
Bestell-Nr. 330 667
ISBN 3-86122-667-7
192 Seiten, Paperback

Leben aus dem Wort

Für ihre vielen Bücher schöpft die bekannte Autorin aus einem reichen Leben – reich an ernsten wie frohmachenden Erlebnissen mit ihrem Herrn. Daneben lässt sie die unzähligen Weggefährten zu Wort kommen, die ihr im Lauf der Jahre über den Weg geschickt und aufs Herz gelegt worden sind.
Den Ehrenplatz räumt sie allerdings einem ganz beonderen Schatz ein, dem Wort Gottes.
Seine Verheißungen machen sie reich. Und dieser Richtum quillt über auf alle, die durch ihre Bücher einen Blick in ihr Leben, ihr Herz und ihren Glauben tun dürfen.

Schicksale
Bestell-Nr. 330 570
ISBN 3-86122-570-0
240 Seiten, gebunden

Gott lässt Menschen durch tiefe Wasser gehen und doch nicht ertrinken. Von den Flüchtlingen Ostpreußens über das Geiseldrama in Jolo bis zum 11. September 2001: Ergreifend stellt Lotte Bormuth die modernen Nachkommen des biblischen Jakob vor, die am Tiefpunkt ihres Lebens die „Himmelsleiter“ sahen, auf der Gott in unser Elend herabkommt.

Geschichten, die das Herz bewegen
Bestell-Nr. 330 646
ISBN 3-86122-646-4
224 Seiten, gebunden

Zahllos sind die Schicksale, die eine entscheidende Menschheitserfahrung widerspiegeln: Es geht kein Mensch über die Erde, den Gott nicht liebt. Lotte Bormuth, die unermüdliche Chronistin dieser Liebe, hat neue Belege. Ob sie uns zu Tränen rühren oder zum Schmunzeln reizen – in Lotte Bormuths Geschichten erkennen wir uns wieder und den Gott, der unser Leben so liebevoll in seinen Händen hält

Spurgeon
... und er predigte in Vollmacht
Bestell-Nr. 330 644
ISBN 3-86122-644-8
112 Seiten, Paperback

Man nannte ihn den Fürsten der Prediger. 16 Jahre alt war er, als er 1850 das erste Mal vor einer Baptistengemeinde predigte. Und doch trat mit seinem Dienst die Frohe Botschaft einen Triumphzug ohnegleichen durch das viktorianische Empire an. Die unkonventionellen Methoden seiner Verkündigung lockten Abertausende in die Gottesdienste. Sein Eifer, Seelen zu gewinnen, und der seelsorgerliche Tiefgang seiner Predigten setzten Maßstäbe. Sein Leben bietet das ganze Panorama der Möglichkeiten, die sich dem hingebungsvollen Leben eines Gemeindehirten eröffnen – damals wie heute.

Dostojewski
Dichter, Denker, Christ
Bestell-Nr. 330 645
ISBN 3-86122-645-6
160 Seiten, Paperback

Dostojewski setzt der Niedertracht des Menschen die Macht Jesu entgegen. Keiner hat den großen russischen Schriftsteller so fasziniert wie Jesus. Lebensnah und bewegend erzählt die Autorin von Höhen und Tiefen im Leben des großen Dichters.

Als die Nacht ganz hell wurde
Bestell-Nr. 330 524
ISBN 3-86122-524-7
200 Seiten, gebunden

Das Weihnachtsfest – verborgen unter Kitsch und Kommerz liegt ein goldener Schatz. Mit viel Herz hat Lotte Bormuth Berichte, Geschichten und eigene Erfahrungen zusammengetragen, die durch alles Beiwerk hindurch den Blick öffnen: Auf die Ankunft unseres Erlösers! Unter anderem lässt sie Jochen Klepper und Leo Tolstoj, aber auch ihre Enkelin zu Wort kommen.

Geprägt von Liebe
Das Leben des Fritz von Bodelschwingh
Bestell-Nr. 330 507
ISBN 3-86122-507-7
102 Seiten, Taschenbuch

Euthanasie – Geißel des Dritten Reiches. Was sagt Gott zu so einem Auswahlverfahren? Bodelschwingh, der Leiter der Anstalten in Bethel, hat diese Fragen unter Einsatz seines Lebens beantwortet. Keiner seiner geliebten Schützlinge wurde in die Gaskammern gebracht. Dieses erschütternde Lebensbild rückt Maßstäbe zurecht.

Hoffnung wird immer groß geschrieben
Bestell-Nr. 330 513
ISBN 3-86122-513-1
176 Seiten, Taschenbuch

Wertvolle Geschichten, die unsere Hoffnung nähren, dass Gott unser Leben an sein gutes Ziel bringt und aus der Macht von Schuld und Tod befreit. „Wer diese Befreiung erlebt hat, weiß: Hoffnung wird immer groß geschrieben. Hoffnung ist nämlich ein Hauptwort."
Lotte Bormuth fügt ihrer Schatzkammer frohmachender Erfahrungen mit Gott ein weiteres Kleinod hinzu: 20 hoffnungsvolle Berichte.

Aufregend, aber schön
Bestell-Nr. 330 492
ISBN 3-86122-492-5
144 Seiten, Taschenbuch

Wie bunte Perlen an einer Kette leuchten die Geschichten, die Lotte Bormuth im Lauf ihres bewegten Lebens buchstäblich erlebt hat: Jedes Erlebnis, jede Bibelstelle, jeder Bericht zeigt eine neue Facette des vielgestalteten Begriffes Trost. Wer selbst getröstet ist, kann auch andere trösten – das versteht die Autorin wie kaum eine andere. Menschen der Bibel, Persönlichkeiten aus der Geschichte, Leute, die sie begleitet hat und immer wieder sie selbst – viele Zeugen lässt sie zu Wort kommen, die alle von dem festen Halt berichten, den sie in den Grenzsituationen ihres Lebens nur bei Gott fanden.